I0839184

Culture humaine
et société-monde

((Brève histoire de l'alternance

Entre passions du « Tout »

et du « Chacun »)

A Valérie Jacq-Duclos, qui a enduré quelque effet du sacrifice de l'intellectuel : la pensée à laquelle se voue son époux.

A Michel Boccara, qui aime Nietzsche que j'aime aussi, sans m'abandonner inconsidérément pour autant au culte de la nature, cette autre loi d'airain.

A l'autre Ivryenne, Chantal Montellier, dont le caractère volcanique n'a d'égal que sa tendresse envers la vraie résistance.

Denis Duclos

Culture humaine

et société-monde

(Brève histoire de l'alternance

entre passions du « Tout »

et du « Chacun »)

Editions du Translatador
Translatador@translatador.com
2018-2023

Préambule

D'un bout à l'autre de la Terre vivent désormais une majorité d'Humains appartenant à la même civilisation du béton armé, du transport mécanique, de la nourriture industrielle, de la communication et de la surveillance mutuelles, universelles et instantanées. Nous pouvons nommer cette réalité « société-monde », même si ses habitants parlent encore sept mille langues différentes.

D'autres auteurs -que nous dirons « moralistes »- s'échinent à la critiquer comme capitaliste ou matérialiste, individualiste ou « de masse », perverse ou nivelante, avide et polluante, destructrice de la nature et des traditions. Ces discours ne sont pas faux, mais nous voudrions ici réfléchir sur ce qui rend cette société-monde *différente* de toutes les autres, et de celles qui l'ont précédée, indépendamment de tout jugement sur son contenu : *elle est unique et totale, sans extériorité ni intériorité, sans espaces libres. Elle fusionne les deux sens du mot « cosmos » : nous et le monde.*

Nous voudrions isoler les conséquences de ce fait précis, de sorte que, s'il s'agit d'y porter remède, ce ne soit pas en le confondant avec d'autres aspects préoccupants. Pourquoi ? Parce que, justement, le plus préoccupant, dans l'espèce humaine, c'est sa propension spéciale à envahir son monde de telle façon qu'absolument tout lui soit inféodé, et tôt ou tard confronté à une transformation, une artificialisation, une dissolution.

En un sens, l'humanité a toujours été seule. Bien sûr, elle a été primate parmi les primates, puis agglomérat de nations, affrontement de communautés religieuses. Désormais, et bien qu'elle soit encore organisée en territoires distincts, elle commence à se percevoir comme politiquement coextensive à elle-même comme espèce répandue sur la planète.

Or, dès les commencements de son langage, dès son entrée dans la course des actes de parole, des controverses et de leurs clôtures, des langues et de leurs dérives, elle n'a eu de cesse de vaincre ou d'absorber ce qui est autre, ou de le considérer comme altérité temporaire.

L'hostilité, si elle n'était pas celle d'animaux à chasser, devenait inéluctablement une différence à gommer, quel que fût le temps que cela devait prendre, aussi bien par le mariage que par la guerre, par la fusion sexuelle que par le massacre.

Dans un monde encore faïencé par les empires, les patries, les croyances, les philosophies, les classes sociales, etc., nous peinons à nous souvenir que l'humanité cherche, depuis qu'elle est telle en parlant, *à n'être qu'une* comme société, et *seule* sur un monde qui, enfin lui appartiendrait sans partage. Mais tant que la solitude idéale de l'Humain a été retardée, compensée ou combattue par la rencontre avec d'autres –étrangers, ennemis ou non alliés, affiliés ou non, proches ou lointains cousins, migrants, colporteurs, hôtes libres ou otages, etc. – il a pu attribuer nombre de ses difficultés intimes, de ses propres contradictions, à ces «agents de l'extérieur ». Il ne les a ainsi reconnues qu'indirectement, comme si elles ne lui appartenaient pas, comme si elles n'avaient rien à voir avec son but constant : devenir soi-même, rien que soi-même, *mais tous ensemble.*

Maintenant que ces interférences ont été absorbées dans le même « ventre du Bouddha » que représente assez bien la civilisation planétaire[1], l'humanité ne peut plus se dérober : il lui faut admettre que son unicité désormais atteinte –et garante de son unité intérieure- est en même temps ce qui déclenche en permanence des occasions de conflits internes, des émergences de disparités imprévues, des départs de failles arborescentes, des réactivités d'une violence rare, des effondrements endogènes, des formations culturelles cycloniques dont la puissance chaotique n'est pas moindre que celle de leurs homologues climatiques.

---

[1] Désormais scellée par la gestion de la viralité mondiale (note de mars 2021)

De là à en inférer que notre histoire –voire notre préhistoire- ne doit pas seulement être interprétée rétroactivement en termes de chocs avec des présences extérieures, mais aussi et déjà pour une bonne part, comme une suite de convulsions frappant un *seul* peuple, une humanité *unique*… Il n'y a qu'un pas, que nous n'hésiterons pas à franchir ici.

Ce choix délibéré n'implique pas pour autant que nous nierons l'extériorité (ce qui vient « des autres ») dans le processus humain. Bien au contraire, il nous faudra sans doute reconnaître que sans elle –dans des formes remontant à toutes les concurrences immédiates rencontrées par le primate parlant, et dont Darwin pronostiquait que nous les éliminerions sans pitié- il n'y aurait jamais eu de polarisation de la culture humaine par le seul but de devenir unique.

Toutefois, considérée sous cet angle, la pression culturelle constante pour obtenir l'apparte-nance de chacun au Tout sociétal ne peut plus simplement être lue comme un mécanisme automatique, qui va de soi. La trouvaille du langage symbolique implique ses sujets d'une façon laborieuse, voire douloureuse. Freud parlait de « malaise *dans* la culture », mais l'on pourrait mieux dire en désignant la culture –ou la civilisation- *comme* malaise, difficulté, souffrance. Ce que, de son côté, Jacques Lacan s'appuyant sur l'expérience mystique orientale, soulignait, en rappelant que, loin d'être une projection métaphysique, chez les hommes, «l'enfer, c'est la vie quotidienne. »

Ce qu'il nous faut donc décrire, dans le tableau de la construction d'une humanité mondiale, c'est le double mouvement de recouvrement mutuel et d'interpénétration entre « la cause unitaire » et les réactions à cette cause, qu'elles partent de situations objectives de groupes, classes, corps, peuples, etc., ou qu'elles proviennent de résistances individuelles, nommées *subjectives* pour autant qu'elles surviennent précisément au point où c'est aux individus qu'est demandé un engagement de leur « être », cette fiction qui seule permet l'adhésion à la totalité humaine.

Il faut aussi se souvenir que le projet même de « faire humanité » (cette *famille humaine* comme le disait René Cassin dans son élaboration de la déclaration des droits de l'Homme) ne se sépare pas -dans sa source vive- d'une comparaison avec un modèle à petite échelle (dans ce cas, avec la famille *réelle*). De même, les puissantes et sanglantes oppositions -religieuses ou nationalistes- à l'ordre mondial ont presque toujours été -et sont encore- des contre-projets de prétention universelle. Des fascismes aux communismes et aux islamismes violents, s'entremêlent des volontés d'organisation, d'expansion, de standardisation, qui ressemblent traits pour traits à celles des régimes qu'ils condamnent, et quand bien même leurs échelles de déploiement peuvent paraître régionales, ethniques ou identitaires.

Autrement dit, s'il y a pluralité, ce n'est jamais seulement comme réactivité à la massification, mais aussi comme source, origine de la tendance unitaire, bien que cela semble paradoxal, si l'on ne considère pas que toute entité sociétale fermée, visant l'homogénéité, l'orga-nicité, est déjà une sorte de petite totalité.

Comme en climatologie, il nous faudra simplifier et modéliser, c'est-à-dire séparer des phénomènes qui, dans la réalité se confondent jusque dans les molécules les plus petites, faisant émerger de nouveaux tressages microscopiques, dont la fréquence rétroagit sur le macroscopique. Ensuite seulement pourrons-nous tenter de rejoindre –poétiquement plus que scientifiquement- ces niveaux de complexité et d'intrication plus fines.

Pour emprunter un langage moins objectiviste, nous pourrons peut-être constater que, si la subjectivité et ses avatars prennent une place toujours plus importante à mesure qu'on « descend » des grandes catégories de traitement des populations vers l'innombrable variété des sentiments individuels, alors les gens de pouvoir, ceux qui cherchent à concevoir un ordre mondial coextensif avec notre espèce, seraient bien inspirés d'y prêter attention.

Et si l'on suppose que leur intention – consciente ou non- est de parfaire la *forme* du genre humain enfin réuni sous leur houlette, alors il leur faudra peut-être admettre –à leur corps défendant- que la résistance moléculaire des Sujets à cette très ancienne et tenace utopie de maîtrise du Tout pourrait conduire, par réaction en chaîne- à une déflagration aussi gigantesque qu'insoupçonnable par avance.

Mais pourquoi, après tout, une telle perspective ? Parce que, plus est approchée l'unité absolue, et plus fortes *sont les tendances subjectives à la pluralité*. Plus la clôture est proche et plus l'ouvert inconnaissable fait retour[2].

Est-ce vraiment étonnant ? Imaginez seulement une société-planète nécessairement apaisée, satisfaite, innocente, rangée, optimisée, dans laquelle vous auriez exactement les mêmes idéaux, droits et devoirs contrôlés que les dix milliards d'autres individus, comme vous encagés, et aux données personnelles -voire

---

[2] Un ami mutin, psychiatre et psychanalyste, se jouait de mon patronyme en m'appelant en riant « Gauvain de la Clôture ». Il est possible que le travail qui m'occupe ait eu en effet une cause très contingente. Cela en retire-t-il de la valeur, pour autant que ce patronyme rencontre effectivement l'un des problèmes les plus aigus que l'Humanité ait eu à résoudre de toute son histoire ? Souvent, notera le philosophe, le dérisoire touche au tragique ou au sublime. C'est sans doute pur hasard, mais n'existerait-il pas, que les occasions de voir et de comprendre seraient peut-être encore plus rares.

cérébrales- actualisées et exploitées en temps réel. Ne croyez-vous pas que l'analogie avec un monde-prison vous viendrait à l'esprit, et cela d'autant plus que la gestion en serait plus juste, régulière et prévisible, décidant démocratiquement du destin de chacun, pris un par un de la naissance (voire avant) à la mort et au-delà, tout en manipulant pornographie et sécurité environnementale « pour tous» ? Un monde où vos affections, vos amours, vos haines, vos pensées seraient toujours déjà transcrites, interprétées et évaluées par le jugement collectif spontané naissant en permanence de la communication mondiale ?

Un monde sans *Big Brother* ni *Matrix* à incriminer, parce qu'il serait simplement… vous-mêmes, réduits à la transparence parfaite d'une intériorité… sans extériorité (ou inversement) ?

Réduits à ne concevoir, sentir et dire, que cela qui vous parle, venant de partout et de nulle part, « politically correctness » oblige ?

Chapitre I :
Le « parlage »
comme tension collective permanente
vers l'unité humaine

Parole, langues, langage : les intellectuels intéressés à ces questions les ont soigneusement distinguées, tout comme la pratique populaire le fait. Mais ils ont souvent tenté de formaliser ces distinctions sans ressentir leurs liens dynamiques, historiques, dramaturgiques, subjectifs.

Ils n'ont pas, sauf exceptions, reconnu qu'étant engagés dans la parole au point que notre raison en vacille et que notre vie en tremble, nous ne pouvions « raisonnablement » en traiter comme s'il s'agissait d'une factualité matérielle et instrumentale ou d'une idéalité.

Que la *parole* vienne en premier dans notre expérience actuelle, ce que rappelle la fameuse phrase de l'écriture sacrée – « au commencement était le verbe »- ne signifie pas qu'elle ait été tout-à-fait première dans l'aventure humaine. A moins de considérer dans la parole son trait élémentaire, inscrit dans l'origine grecque de son terme même : *« paravole »,* à savoir : *rapprocher.*

Oui, vraisemblablement, l'acte distinctif de l'Humain depuis qu'il l'est devenu, c'est sa tendance à soumettre à autrui la suggestion d'une proximité entre deux « signifiés », quel que soit le moyen (physique ou verbal, naturel ou artificiel) dont il se sert pour réussir ce geste.

Autrement dit, parler est une pratique essentiellement paradoxale : elle est formée indissolublement d'une offre réciproque d'indétermi-nations entre ses Sujets (se reconnaissant auteurs d'une parole libre) *et* d'une proposition de détermination par comparaison d'objets. Toute notre histoire de « parlêtres » renvoie à ce paradoxe, car nous oscillons sans cesse entre nos deux « devoirs » : préserver l'indéterminité des Sujets[3], sans laquelle la parole perdrait sa validité, et la mettre au service d'une œuvre commune de détermination progressive des objets.

Cette oscillation est douloureuse pour chacun et pour tous : quand nous produisons trop de comparaison rigoureuse, bientôt rationnelle et mathématisée, nous tendons à nier le sujet libre (l'assujetti au devoir de liberté !), ce qui conduit à terme à l'effondrement du collectif de ces sujets. Mais si nous en restons à la considération ineffable desdits sujets, sans construire les discours qui nous rassemblent,

---

[3] Cette *indéterminité*, qui signifie qu'on ne « termine pas », qu'on n'étiquette pas définitivement autrui et soi-même, n'est ni un vide, ni une indiscernabilité, ni une indicibilité (etc.).Etant le but d'un acte, sa valeur réside dans l'élan hardi qui l'assure. C'est pourquoi ce qui en est le plus proche est généralement nommé « amour ». Quant aux qualificatifs « soustractifs », usités à sa place, par défaut, ils leur manque toujours l'essentiel *autour duquel ils tournent,* souvent de position en position.

non seulement le collectif se désagrège, mais ses membres se dissolvent.

Or l'équilibre entre ces deux bascules est très difficile sinon impossible. Les cultures humaines peuvent néanmoins être envisagées comme des tentatives plus ou moins durables d'y parvenir. Leurs échecs eux-mêmes sont des leçons très importantes pour la suite de notre aventure d'espèce.

L'enjeu devient en effet le suivant : ou bien la société-monde, ramenée à un seul type dominant de discours sur elle-même, peut se rigidifier dans une structure remplaçant ses sujets par des humains robotisés. Ou bien, elle risque de se défaire dans un retour à l'animal pré-parlant, après une apocalypse suicidante. Le problème est ici que *nous n'avons pas l'expérience historique d'une société unique*, et qu'il nous faut extrapoler à partir d'analogies grossières : un empire très vaste, mais entouré de Barbares, une société insulaire isolée, etc. En réalité, il nous faudra *inventer*, ce qui relativisera l'utilité des exemples du passé, mais ne la supprimera pas. Ils recèlent en effet une très grande richesse de signaux, de symptômes, de tentatives, et dessine ainsi un départ multiple de pistes, dont nous pourrons nous inspirer au moment de l'invention proprement dite d'une culture-monde supportable.

Pour ce qui concerne les *langues*, nous comprenons-en reconnaissant plus tard que d'autres ne parlent pas la nôtre- que ce sont des phénomènes collectifs enveloppant les paroles, mais qu'elles sont aussi traductibles : les enfants d'une cour de récréation cosmopolite en témoignent en quelques heures.

Les langues sont excessivement importantes pour une théorie de la culture, parce qu'elles fabriquent avec une grande efficacité des univers sémantiques et symboliques relativement clos, lesquels « dialoguent » alors entre eux, souvent sans en être conscients, induisant des structures géopolitiques (ou géoanthropologiques) formant à leur façon des tentatives de stabilisation d'une pluralité. Il est donc utile de les explorer, à condition de considérer, comme Claude Lévi-Strauss, qu'elles incluent souvent le maniement d'objets comme les mythes, les monuments ou les masques, les danses, les vêtements et les manières de table, les codes pénaux, les repères de parenté, etc.

Quant au *langage,* nous l'atteignons par un effort d'abstraction et de généralisation de type universitaire, et l'on aura beau pointer pour nous ce que nous sommes en train de faire en parlant ou en traduisant, il s'agira toujours d'une idée extérieure, superfétatoire. Molière l'a bien croquée dans le personnage du maître de prose de monsieur Jourdain. Le grand problème de l'intellectualité contemporaine, c'est qu'elle a globalement abdiqué face à une conception scientiste et scolaire du parlage, le ramenant à un « langage » dont il suffirait de comprendre les mécanismes abstraits et les localisations mentales pour saisir la « communication » humaine sous tous ses aspects.

Or, si parler recourt au langage comme un outil souvent préformé et effectivement *structuré* comme une machinerie complexe, résistante à ce que l'on souhaite en faire, ce langage n'en demeure pas moins un instrument au service du *pacte d'indétermination réciproque* fondant la relation essentielle entre Sujets *se* parlant. La dénégation farouche de ce fait par la religion scientiste et technologiste au pouvoir dans l'actuelle société-monde (sous prétexte de récuser la métaphysique[4]) a pour effet une prise de retard considérable dans la perspective de parer aux dangers de la société unique.

Bien entendu, cet objet est intriqué à celui de la production discursive, dont nous avons souligné qu'elle construit -entre interlocuteurs constitués en protagonistes et dans des conversations sociales plus ou moins longues-

---

[4] La reconnaissance de l'existence de ce pacte implicite entre les parlants n'a rien de métaphysique: *c'est l'objet réel, et en un sens parfaitement matériel, de l'anthropologie culturelle.*

des systèmes de comparaison plus ou moins formalisés et rigides.

Ce constat en entraîne un autre, très important pour notre propos : plus se prolonge une conversation sociale large, et plus la comparaison issue au début de la « parole vive » et libre d'interlocuteurs *devant* appliquer le *pacte d'indétermination réciproque*, se transforme -lentement mais sûrement- en accord formalisé à partir d'une langue et d'un langage. Plus le discours unique enfle, se déploie, gagne les parties les plus distantes et disparates de cette société.

Bref, l'oscillation entre respect mutuel des sujets parlants et saisie collective dans un carcan mental « pour tous » se réalise comme un mouvement linéaire vers l'affirmation d'un collectif « sans sujets », suivi automatiquement à un certain stade, par un brutal effondrement réautorisant la parole vive et ses libres sujets, mais dans des conditions catastrophiques.

Le caractère pratiquement inéluctable *d'une telle évolution cyclique interne à tout processus de parole* est inscrit dans la parole elle-même. Encore faut-il l'expliquer et en rendre compte. Une théorie de l'histoire de l'être parolier se révèle ici nécessaire, car c'est dans l'origine même imputable à l'acte de parole que se situe la possibilité de comprendre cette dérive « structurale ».

Avant de parler en langues, ou même de présenter à la dissection académique un organe nommé « capacité de langage », je crois que nous, Humains, avons tenté un énorme effort pour produire une image, une métaphore crédible de *notre* humanité –opposée à d'autres-. Autrement dit : la première métaphore –et il y en a nécessairement existé une, nous allons voir pourquoi– n'est pas une « parole » au sens d'un mot. Ce n'est pas une simple *figure de style,* ou *trope* à l'intérieur d'une phrase doublement articulée. C'est bien un *rapprochement* suggéré à autrui (ou évoqué *avec* autrui), mais il prend plutôt la forme d'une poussée collective, d'un chant dansé, martelé, colorié – aurait dit Rousseau–, probablement aussi accompagné de projections quasi-scripturaires, voire du site qui les permet.

C'est encore –du même tenant– un rituel, une répétition, une relance, un remploi, tout cela *dans le seul but de faire tenir durablement* l'hallucination de « l'être ensemble ».

La forme première de la métaphore, son prodrome nécessaire comme jouissance d'être-en-collectif, est l'hallucination *voulue* du Tout social, peut-être expérimentée comme addiction grâce aux drogues tôt découvertes, et finalement *maintenue* par le rituel partagé par chacun (ce qu'on retrouve renouvelé dans certaines sectes *New Age).*

Notons qu'à ce stade premier, nous ne sommes encore ni dans le langage – plutôt dans une création collective multiforme peu structurée –ni complètement dans la parole – puisque celle-ci ne peut encore proposer sa place comme réaction à un propos, et pas seulement comme acquiescement automatique.

Toutefois, il s'agit bien déjà d'un phénomène qui nous sépare des autres grands singes, y compris de ceux qui nous étaient quasi-identiques anatomiquement, et aussi d'un type d'actes que nous continuons à réaliser aujourd'hui à milliards d'interlocuteurs : quelque chose qui a radicalement changé en nous il y a quelques dizaines de millénaires, entre Es Skhul et Cro-Magnon, et s'est poursuivi sans changement de fond jusqu'à aujourd'hui.

Ce quelque chose qui permet *aussi* de créer des parures, de changer de support d'outil, de tailler des hameçons, de dessiner un plan d'habitat, de fixer une sépulture, c'est, très probablement cette « culture » plus profonde que son seul alignement langagier, linguistique et « parabolique » (mot dont vient la *parole*) et qui réside encore en nous, presque inchangée.

Son essence n'est pas le recours au larynx phonatoire (bien que celui-ci s'avère bien utile), mais, plus largement, elle est l'acte physique de comparaison entre deux objets… absents. Pensons au muet Harpo Marx quand il essaie de

« faire dire » une suite de sons à un interlocuteur, ceci pour le pousser à découvrir un sens nouveau, imprévisible au départ.

Les objets à comparer en premier lieu ne sont pas n'importe lesquels : ils ne sont probablement pas des choses, au sens trivial du terme. Ils ne portent pas telle ou telle utilité ou fonction matérielle immédiates, et en tout cas jamais indépendamment de la valeur qu'elles prennent -ou qu'elles donnent- à des personnes *engagées en parole*. Les objets *qui comptent* sont surtout les témoins des forces que les Humains constituent avec vous -ou contre vous-.

L'objet le plus important n'est pas présent, et son absence même le rend plus crucial encore. Pourquoi ? Parce qu'il est... à construire ensemble, et parce que son existence même -encore imaginaire- dépend de la réussite de l'acte de suggestion de ce « tous ensemble » — désormais si essentiel pour la survie de chaque petite famille— mais jusque-là trop vaste pour tenir bon par la seule opération des systèmes affectifs organisant la forte solidarité du petit groupe d'apparentés génétiquement[5].

Nous appellerons ce grand objet crucial idéalisé, à faire, à répéter, à conserver, à

---

[5] Ils en fondent aussi l'inéluctable scission au-delà d'une certaine taille : ce que l'étude des primates en liberté démontre suffisamment.

réparer, le « référé » de la métaphore, ou encore son versant « imaginaire ».

Quant à l'objet qui *sert* la construction de ce « tous ensemble », (ce qu'on nommera le « référent »), il est absent aussi, mais en un autre sens : il désigne justement le petit groupe affectif, généralement utérin (enfants de la même mère) et réellement existant, mais qui, jusque-là, *n'était pas désigné,* et manquait donc de mots pour se dire. Sa présence concrète indéniable n'était pas ressentie comme telle, alors que, devenant élément d'une métaphore (« le grand groupe est ta vraie famille », par exemple), il est pour ainsi dire expatrié, déplacé de force dans la région du *raisonnement* (disait encore Rousseau). Il est abstrait de sa propre réalité, toute chargée de sentiment immédiat et sans aucun besoin de paroles, pour devenir un terme, un mot, même si ce mot se connote facilement avec des contenus évoquant toute la gamme des sentiments forts et directs.

Observons aussi un pas décisif : le recours à un troisième terme, celui-ci purement instrumental -au moins dans sa fonction essentielle- et qui est le « moyen » de la comparaison : aune, mesure, registre de qualités, etc. Sans ce « moyen-terme » (parfois mutique ou caché), pas de comparaison, pas de métaphore, même si nos intentions sont déjà claires et visant une répétition programmée. A l'inverse, quand bien même nous serions encore plongés dans une hallucination désirante, floue, peu consciente d'elle-même et de son but, l'apparition du troisième terme comme « prédicat » à attribuer au référent comme au référé, suffirait à inaugurer une métaphore en plénitude. Pour autant, ne confondons pas le moyen et le but (ce que, néanmoins, la destinée historique des comparaisons n'arrêtera pas de faire) : si la trouvaille géniale du moyen-terme est indispensable pour « instituer » la parole, celle-ci comme acte ne lui est *jamais* réductible. *La parole vient décidément avant la langue et le langage.*

Le double acte d'imaginer un référé –comme désignant un « super-objet » supposé doté de bien plus de qualités que son référent réel (mais idéalisé) – et de déplacer ce référent dans la sphère même d'une comparaison peut être appelé *métaphore, mais seulement si* le choix du moyen terme est laissé au « non-dit » ou au moins à l'ambigu qui signalent l'engagement libre des Sujets sur l'indéterminé. Néanmoins, une indication énigmatique pointe souvent le terme représentant une mise en valeur de l'autre, sans pour autant aller à la métonymie.

Vraisemblablement, il s'agit même de la première et principale métaphore, pour autant que, sans elle, sans son *discours toujours* tendu vers du « plus » ou du « grand »[6], ou encore du

---

[6] Cette tension inquiète permanente vers l'impossible fusion entre le mot et la chose explique suffisamment la

« jamais vu », l'humanité ne peut commencer à grandir comme groupe, ni donc à garantir son avenir dans une compétition terrible. Sans elle, en effet, rien ne peut être capable d'amener les sentiments les plus puissants, liant et défendant le petit groupe, jusqu'au niveau d'une plus vaste entité de reconnaissance et d'affection réciproques. Etre capable de mourir *pour les siens* est très accessible au primate (comme l'avait souligné Darwin). En revanche, lorsque « les siens » sont devenus une vaste nation, le primate a été remplacé par l'humain, un primate *métaphorisant* cette nation comme cause suffisante pour mourir, *comme* on le fait (spontanément) pour ses enfants[7].

La nécessité de cette métaphore discursive pré-langagière et même proto-parolière entre petit et grand groupe -petite famille et grande armée- devient évidente, *du moment* que nous acceptons la perspective darwinienne d'un avantage adaptatif crucial accordé au groupe qui, d'une façon ou d'une autre, peut s'allier fermement à d'autres, dans le but de former à plusieurs une « société plus nombreuse ».

---

constance du signifiant « phallus », le désir éternellement bandé sur lequel tombe la psychanalyse, et certes pas par hasard.

[7] Dans les cas où on ne les tue pas, comme le notait encore ce rabat-joie de Charles Darwin, surtout lorsque, ôtant le pain de la bouche des parents, ils empêchent ceux-ci de les amener à l'âge de se reproduire eux-mêmes !

Darwin examine bien -dans *La descendance de l'Homme* - l'avantage de la vertu, de l'héroïsme, de l'altruisme, dans les chances de survie de la bande de primates. Il ébauche aussi quelques propositions sur le langage humain. Mais il ne va pas jusqu'à construire une explication sur un fait décisif concernant notre humanité, mais qui n'était pas encore avéré à son époque : qu'elle s'est dégagée d'une terrible conflictualité chronicisée dans le nord et la corne de l'Afrique vers moins 80 000 ans, grâce – et seulement grâce – à une capacité de constituer *des groupes beaucoup plus nombreux* que les tribus concurrentes et avoisinantes.

Nous n'irons guère plus loin dans cette expérience en pensée assez simple, et nous n'avons pas l'intention d'entrer dans la série des ergotages sur sa vraisemblance ou son aspect « mythique ». Notons seulement qu'elle ne remplace pas le « mythe freudien » du meurtre du chef de horde, tout puissant sexuellement, par ses fils, ces derniers s'interdisant du même coup mutuellement de le remplacer dans son pouvoir exorbitant. Elle se situe plutôt dans un passé plus lointain, celui de la formation de l'idée de « groupe » *en tant que métaphore,* laquelle implique, dans sa réalisation, que des formes d'échanges bien ritualisées soient trouvées entre les familles appartenantes pour stabiliser le grand groupe « commun ».

L'échange de femmes – cher aussi bien à Freud qu'à Lévi-Strauss[8] – induisant la prohibition de l'inceste reste, dans ce cadre, une hypothèse forte, mais notre schéma de départ de la culture permet d'en relativiser le statut, et de le décaler dans le temps. Car la *loi* est d'abord celle d'une participation de chaque individu à l'hallucination désirée du « Tout », et c'est de cette obligation d'adhésion intime que proviennent une variété de « devoirs » pour chacun et chacune. Le pacte entre les mâles est bien évidemment l'un des devoirs les plus fondamentaux, mais il s'impose comme tel parce que *l'idée de loi est déjà là*, dans sa fonction immédiate de « production de la société ».

N'oublions pas à ce propos que, si l'on lit Shirley Carol Strum dans ses grandes études des babouins du Kenya, il apparaît que d'autres solutions ont pu être choisies par des primates pour passer de la horde à la troupe de centaines

---

[8] On a pu critiquer cette conception au nom du féminisme. Mais il faut se rappeler ici, avec Françoise Héritier, que ce qui est échangé entre les hommes, ce ne sont pas les femmes *comme personnes*, mais *la certitude de la filiation utérine*, qui passe bien par des mères, avant d'être attribué, par construction, à des pères. Les hommes se distribuent ainsi *des attributs symboliques de positionnement parental* leur permettant de ne pas se faire la guerre du fait de leur paternité réelle *toujours incertaine. Leur nomination comme pères* n'est que la facette apparente du *système* de positions qu'ils organisent entre eux comme pacte pour ne pas s'entretuer...

d'individus : ainsi de la hiérarchie des harems, qui établit un compromis entre la « possession exclusive de *toutes* les femelles » (qui n'existe d'ailleurs chez aucune espèce de grands singes) et le principe de domination masculine.

D'autres techniques sociales comme celle de l'amitié entre femelles et mâles de troupes étrangères peuvent aussi limiter la conflictualité, produire une intermédiation entre appartenance et hostilité. Les recherches de Jane Goodall ou de Frans De Waal montrent d'ailleurs que chez les chimpanzés aussi, c'est le compromis qui est de mise : les mâles supposés « dominants » ne peuvent régner qu'en partageant nombre de leurs prérogatives avec des proches ou des anciens, voire avec leurs mères et leurs compagnes ! Nous incitons donc le lecteur à se plonger dans de passionnantes études éthologiques, mais nous en resterons ici au principal : la voie humaine a été celle du rapprochement incertain, discutable, de la métaphore entre deux réalités évoquées, déplacées dans le raisonnement comme discours : celle « existante » mais faible du groupe affectif immédiat, et celle « prospective » du grand groupe, ce dernier pouvant être autoproduit et pérennisé par l'acte de métaphorisation lui-même et ses adjuvants « symbolisateurs » ou fixateurs (rite, site, modulation phonétique et finalement langage).

Et cela constitue le cœur de la trouvaille culturelle *d'homo sapiens* : il n'a pas besoin de fabriquer un bunker, ni de tisser un système d'échange fixe liant de très nombreux individus entre eux (comme les babouins). Il suffit qu'il se réunisse entre membres se reconnaissant mutuellement « appartenants » pour manifester leur adhésion et leur constante réaffiliation auprès d'un symbole. La gestuelle métaphorisante, pour autant qu'elle est réciproquement reconnue, est l'acte réalisant et répétant le groupe lui-même. C'est extraordinaire du point de vue de l'inventivité, et en même temps, nous voyons d'emblée comment l'espèce qui se lie à cette procédure engageant tout un chacun dans la répétition se contraint à des pratiques lourdes, mobilisantes et fragiles, ainsi qu'à *des enchaînements de contradictions et/ou d'incohérences* (ce qui est absolument ignoré de l'animal non parlant).

Faut-il, pour se savoir ensemble, danser tous les jours, sans interruption ? Faut-il revenir souvent dans des lieux sacrés, marqués et toujours davantage réimprégnés de notre présence en tant que membres (par exemple en peignant le contour de nos mains jusqu'à ce que toute une vaste paroi rocheuse soit couverte de nos empreintes ?). Faut-il que nous répétions inlassablement tel sacrifice, tel chant, tel processus initiatique pour être enfin rassurés sur la force de la solidarité acquise et maintenue dans un grand groupe dont les membres sont loin de se voir à chaque moment, et parfois même ne se connaissent « ni des lèvres ni des dents » ?

Nous ne remarquons pas, en constatant cela, que c'est cette lourdeur et cette fragilité qui vont nous pousser constamment à « techniciser la métaphore », à choisir des dispositifs plus légers, plus efficaces, plus solides, de telle manière qu'au bout d'une évolution spécifiquement culturelle (vers la vocalisation, notamment), cette métaphore essentielle s'opérera comme coulant de source, sans trop d'effort physique ou mental, sans participation continue, sans dispositif envahissant. Pourtant, du même coup, l'efficacité acquise va de pair avec un risque augmenté de « folie » du dispositif, à la mesure même de son accroissement finalement géant.

L'étape qui vient est donc de comprendre comment la métaphore, en se répétant constamment au cours de manifestations collectives, finit par construire des structures de société telles que retourner à la dissociation primitive entre petits groupes est devenu pratiquement impossible. Nous entrons dans la description conjecturale d'un processus analogue au développement d'un embryon, à la différence près, entre autres, que l'embryon peut stopper son développement, involuer et mourir, se décomposer, alors que, dans la compétition même pour renforcer la totalité culturelle se forme quelque chose de cumulatif, une « perfectibilité » permanente qui apparaît – jusqu'à aujourd'hui- comme proprement indestructible… au point qu'il faut conjurer sa tendance à l'extension sans limite.

Le stade le plus nettement marqué, véritable assise d'une culture humaine irréversible, c'est - en apparence- le langage parlé, phonologique. Son principal avantage n'est pas, comme le croient encore la plupart des linguistes, de *produire* la métaphore, mais il va la *soutenir* en la formalisant par une grammaire qui lui est adaptée, et surtout en l'entreposant dans un registre fermé, réservé, qui est celui de la linéarité vocalique, puis, par extension, celui du dépôt des suites articulées de sons dans une écriture.

L'existence de ce registre permet, comme dans la boîte de rails d'un train pour enfants (ou pour adultes), d'autoriser les branchements à loisir, de déployer des arborescences sémantiques, de créer des sous-registres isolables, et surtout de créer des boucles et des retours.

Nous connaissons tout cela, souvent ressassé. Ce qui est moins considéré, *c'est le mouvement même de la métaphore principale*, celle qui fait « conversation sociétale » et l'emporte de loin par sa puissance sur toutes les occurrences des « figures de style » dans les innombrables occasions de parler et d'écrire. Ce qui est donc oublié, c'est la cause même de toute la dynamique qui, sans interruption, passe de la horde inventive par nécessité… au genre humain planétisé…par passion.

Or, retrouver le fil de cette mouvance immense, littéralement « hypervirale »[9], c'est découvrir comment, sous les mises en ordre techniques de la métaphore, et donc sous le système du langage, des langues et des paroles échangées, se poursuit sa visée la plus constante, même dans les conditions où celle-ci peut devenir sans objet ou même absurde : *la poussée discursive collective vers l'unicité[10]*.

C'est aussi pointer l'index sur la faille où cette poussée se casse et s'épuise, à différents moments ou échelles, non pas directement, comme chez nos cousins chimpanzés, parce que la taille du groupe deviendrait trop importante pour être gérée par des modes de régulation

---

[9] Qui semble copier la reproductivité explosive de la vie dans la matière, mais en l'accélérant géométriquement.

[10] Nous étudions l'histoire de cette poussée sous deux registres : dans le présent ouvrage, nous évoquons plutôt les phénomènes culturels s'enchaînant dans l'historicité générale. Dans un autre livre (« l'histoire de la parole comme prédestination »), nous analysons plutôt le mécanisme de toute conversation en tant que cycle. La lecture des deux approches peut donner un effet de volume intéressant, afin de mieux comprendre comme une « loi » d'évolution de chaque conversation orchestrale est à la fois présente et cachée au fond de chaque histoire culturelle « réelle ».

naturalisables, mais parce que, lorsque l'unité se rapproche trop de l'unarité par l'unicité, *elle rend impossible la conversation métaphorisante, constitutive du groupe lui-même.*

Alors survient inéluctablement une fracture, une division entre entités souveraines.

On peut admirer la merveilleuse invention de la parole, mais il ne faut donc surtout pas, à aucun moment, *oublier son ambivalence, son paradoxe* : elle nous tient dans une relation entre Humains, et en même temps nous entraîne systématiquement à inventer ensemble un monde inhumain, réduit à une ronde infernale d'étiquettes déclassées ou détournées de plus en plus vite. Cette ambivalence cruciale doit être conservée en mémoire, car, quelle que soit la période historiale que nous avons à vivre, que nous soyons en montée, en descente, en catastrophe ou en reprise d'un cycle conversationnel, nous aurons à en tenir compte.

Tout le problème de l'histoire contemporaine et à venir, au stade d'une humanité planétisée, est de comprendre comment distinguer la simple « division implosive » (entre planète des quelques millions de Richissimes et planète des milliards de Pauvrissimes) pouvant conduire à des conflits régressifs inexpiables et absurdes, d'une constitution de la conversation mondiale, soutenant l'acte humain de parole et de métaphore. Les deux directions, en effet, peuvent se ressembler dans leur départ -et se ressemblent déjà-, ce qui entraîne une désorientation hélas favorable à la première (si tragique) et non à la seconde.

Notre recours au concept de *pluralité* voudrait servir ce second objectif : la métaphore —cette comparaison « projective » pour évoquer l'intuition d'Edward T. Hall- ne se réalise en effet jamais de manière solitaire. Elle est d'emblée un acte collectif instituant l'inter-subjectivité. Mais il est toujours difficile et risqué de s'orienter ensemble vers la reconnaissance mutuelle d'entités souveraines regroupant des *genres de Sujets*, celles-ci pouvant à tout moment choisir la conflictualité, l'agonisme des plus intolérants, plutôt que la conversation comme outil de soutien réciproque.

Nous sommes avertis de ce risque avec une succession d'expériences dramatiques : familles, tribus, empires, religions, nations, puissances économiques, etc. *n'ont cessé*, au cours de notre aventure historique, de s'entre-déchirer, au prix de massacres et de souffrances de plus en plus importants. Le constat en est universel, mais l'explication en est demeurée faible, trop souvent portée à mettre en cause l'animal humain, son grégarisme agressif, son cerveau trop émotif, etc. Or c'est bien *la culture qui est principalement en cause* en transposant et amplifiant démesurément des tendances présentes dans la souche primatologique.

Ainsi de la poussée vers l'unité du « toujours plus grand groupe ». Son caractère paradoxal - conduisant à la séparation agonistique parvenue à une échelle d'instabilité- tient beaucoup moins à ce qui reste en nous de nature, qu'à un aspect dynamique de la logique de son fonctionnement; à savoir, très précisément, la contradiction nécessaire entre la souveraineté *et* l'assujettissement dans le processus même de la parole[11]. C'est cette contradiction qui permet de maintenir le lien et l'écart entre un réel et un imaginaire, seuls objets de la discussion collective (et sans lesquels cette dernière disparaît).

L'oscillation ancienne et de plus en plus actuelle du concept de « Sujet », entre « l'auteur » et le « soumis » est révélatrice. Mais elle donne lieu, le plus souvent, et sous l'effet de forces sociales incommensurables, à des compromis, des façons de résoudre le paradoxe humain sous-jacent et indestructible, qui ont pour inconvénient de créer des « catégories de sujets », voire des « syndicats d'auteurs » ou encore des autorisations « liquéfiantes » (dirait Zygmunt Bauman) pour lesquelles la liberté « totale » de créer et

---

[11] Pour que notre obligatoire adhésion soit valide, nous devons obligatoirement être des Sujets libres.

d'innover se trouve piégée dans la multitude gérée par les algorithmes.

La vérité anthropologique en l'affaire, c'est que ces tentatives de compromis, plutôt magiciennes, ne peuvent rien contre *une fatalité inhérente à la logique culturelle* : si nous prétendons transférer la *souveraineté du Sujet* (oxymore propre à ce problème) sur une *catégorie* de Sujets, alors nous devenons Sujets… de cette catégorie, comme les soldats d'une armée franchissant un Rubicon, et s'affirmant collectivement comme maîtresse absolue d'un monde.

Or, rapidement ou non, cette affirmation collective revient à nier d'abord la souveraineté de ceux à qui on la soustrait arbitrairement et violemment, et ensuite, irréversiblement, à nier la liberté de soi-même comme membre de l'armée victorieuse n'obéissant que par adhésion loyale.

Faiblesse du raisonnement des Matriciens sur l'histoire de la culture humaine

Un dernier mot sur la « nature originelle de la parole », pour mieux en mesurer l'enjeu actuel. Les adeptes et thuriféraires de la religion de la Machine (ceux que l'on pourrait nommer « les Matriciens» par référence au film

Matrix[12]) ont coutume d'impressionner les pauvres Humains normalement soucieux de leur corps « biologique » et de leur descendance « naturelle », en arguant que ce souci est obsolète, car il provient en droite ligne d'un système neuronal fabriqué pour les grands singes dans la nature hostile.

Déjà, l'éthologue Konrad Lorenz[13] estimait, il y a un demi-siècle, que nos instincts, issus de l'ère des primates, ne convenaient pas en régime post-moderne de grandes sociétés technologiques : quand on dispose du bouton pour faire sauter la planète, il vaut mieux être un Humain rationnel plutôt qu'un chimpanzé colérique. Or cette rhétorique ne devrait pas nous déstabiliser : elle est non seulement violente et contre-intuitive, mais elle est probablement inexacte, et cela à la racine du raisonnement. Sur trois points essentiellement :

---

[12] *Matrix* est un symbole très intéressant, car il articule la volonté de « décharner », de « désincarner » des Humains ramenés à leurs rêves par le biais de l'informatisation généralisée, et celle d'attribuer le contrôle de toute la masse humaine à une machine de machines unifiées. Le côté « maternant » est également bien postulé (notamment dans le titre du film), car il représente à la fois l'englobement et la sustentation des Humains en tant que larves. Je crois donc que les « transhumanistes » méritent en fait, sur le plan anthropologique, de recevoir une étiquette qui rend compte de ces trois aspects intriqués : spiritualisation, mécanisation, régression à la larve utérine.

[13] Par ailleurs souvent génial dans ses études en proximité avec des animaux en liberté.

1) les cultures des primates comportent des mécanismes d'équilibrage et de pacification qui en compensent efficacement les aspects agonistiques ou dominateurs. Le rôle « dominateur » du fameux mâle *alpha* n'est rien, comme le savent bien les spécialistes, sans le partage de son pouvoir avec des alliés, ou des « suiveurs » qui peuvent changer de chef, ni sans le rôle de certaines femelles comme la mère dudit *Alpha*. Le contrôle principal est exercé par la scissiparité du groupe qui tend à rester de taille limitée, etc. Il existe donc, chez les Matriciens, un mépris de la « sagesse » issue des milliards d'années de l'expérience naturelle, y compris en matière de relations complexes entre espèces.

2) L'amplification des traits dangereux de l'espèce humaine n'est peut-être pas due aux régulations biologiques « dépassées », ni à la limite des capacités neuronales, mais à *la structure paradoxale de la culture*. C'est la culture, et spécialement la tendance à la fascination par le nombre, qui déploie tous les effets de ce paradoxe, lequel tient à la contradiction insoluble entre le collectif et le Sujet qu'il produit par la parole partagée.

3) La parole partagée, apanage exclusif des Humains, et non des Primates, est à la fois ce qui nous protège de la dérive dans une masse anonyme, et ce qui permet à cette dernière de

continuer à fonctionner comme but pour chaque Humain.

C'est donc surtout la culture humaine qu'il s'agit de modifier une fois de plus, mais dans des conditions inédites et de plus en plus périlleuses, et non la nature en nous. Cette modification doit, avant tout, viser à freiner ou empêcher (si possible) la massification excessive qui ne peut conduire qu'à une implosion tragique de la civilisation humaine planétaire.

Or, les « Matriciens » constituent précisément l'une des forces intellectuelles et techniques de cette massification, excessivement dangereuse dans le fait même de vouloir unifier les Humains en éliminant la subjectivité telle qu'elle résulte d'un interdit réciproque de prédétermination par un quelconque *savoir*. Qu'ils le veuillent ou non, ils se font les ennemis du genre humain au nom des valeurs éthérées du transhumanisme, celles d'une réduction de l'Humain à la pure information, en récusant le rôle central du *devoir d'incertitude* dans le processus culturel.

Ce que nous faisons en parlant (Austin) n'est, en effet, pas de « communiquer », mais plutôt de nous intimer en permanence, *sous* la parole, l'ordre paradoxal de ne pas nous réduire à des ordres ! C'est cela qui risque de disparaître avec l'application du plan matricieux sur les « algorithmes », et de favoriser du même coup la rapide expansion d'un modèle technofasciste.

Ce dernier ne serait donc en rien l'apparition d'une « singularité », à savoir d'une nouvelle espèce humaine ou post-humaine chargée de remplacer la précédente (selon la prophétie de Jean Michel Truong, ou de bien d'autres tels I.J.Good ou M. Minsky -ou adversaires fascinés par l'IA, tel S. Omohundro), mais simplement et tristement, l'avortement programmé d'une trajectoire encore plus dangereuse que celle que la parole humaine ordinaire tente de maintenir, dans le travail périlleux *et jamais garanti* de la métaphore.

Il demeure alors un problème que ne peuvent aisément résoudre ceux qui reconnaissent la nature culturelle de notre condition humaine. Problème qui se propose, lui aussi, comme un dilemme dont on ne peut décider le mode de résolution.

Nous pourrions le présenter ainsi :

-A supposer (ce qui est plus raisonnable et sage que la position matricieuse), que la parole soit en elle-même un phénomène déstabilisateur entraînant l'espèce humaine sur une trajectoire de dérive insoutenable, 1) comment être sûrs qu'en le maintenant la moins déformée possible on puisse éviter cette trajectoire ?

Et 2) inversement : qu'est-ce qui nous permet d'affirmer que la position la plus « folle » (et la plus fausse dans son analyse de l'histoire humaine) ne soit pas, en fin de compte, par une ruse dont l'histoire est coutumière, une solution apparemment supportable et souhaitable ?

Pour répondre, nous avons besoin d'un référentiel éthique, lequel ne peut jamais être parfait parce qu'il peut toujours exister des personnes pour lesquelles *l'abolition* même du monde actuel, (de la création « démiurgique ») serait un souverain Bien, qui se trouverait ainsi rapprochée et accélérée dans sa réalisation par le comportement le plus suicidaire, meurtrier et destructeur possible.

Il est évidemment impossible de *démontrer* par un raisonnement quelconque que la destruction de la vie et de l'humanité soit un Bien préférable à l'existence classique issue de l'évo-lution, notamment faite de nourritures terrestres et de sexe ! C'est d'ailleurs à cette impossibilité que tient le prestige des transhumanistes dont il est pourtant aisé de sentir qu'ils défendent un amour mélancolique de la purification, un peu à la façon des jeunes tueurs de masse dans les universités américaines, mais sur un registre plus abstrait. Notre référentiel sera néanmoins celui qui permet de *dénoncer cette disparition de la vie comme le mal suprême,* et, en usant d'un marginalisme élémentaire, de considérer sa mise en souffrance de portée et de gravité différentes, comme un « moindre mal » contenant néanmoins la perspective du *mal absolu.*

Nous ne justifierons pas ici le choix de ce référentiel, mais en l'adoptant, *.nous pouvons en déduire directement qu'une folie humaine consistant à détruire l'indétermination réciproque des sujets de la parole (ce qui assume effectivement la possibilité constante du mensonge et de l'impureté) est plus « mauvaise » qu'une autre folie humaine consistant à préférer subir les avanies découlant du maintien de cette indétermination volontaire.*

Nous espérons, avec cette formule, rallier au moins quelques-uns des Matriciens *les moins fous,* à savoir ceux qui tiennent encore un peu à l'intégrité de leur fonctionnement corporel en tant que mammifères mortels et imprégnés d'instincts animaux, *bien qu'écrasés par la charge culturelle de la parole depuis des éons.*

Ce qu'il faut *expliquer,* ce n'est pas tant l'origine de la pulsion « unicitaire », si spécifique de l'Humain : nous avons vu qu'on peut proposer un modèle -évidemment indémontrable- mais crédible du passage subi, préhistoriquement localisé, du petit groupe au grand groupe en maintenant un niveau similaire de solidarité spontanée, accordant à nos quelques milliers d'ancêtres génétiquement certains un bon avantage adaptatif sur leurs proches contemporains moins inventifs. – humains ou non–.

Il suffit en effet, sur le plan de cette expérience en pensée, de supposer présente une forte intentionnalité non consciente de « faire nombre » au-delà des limites ordinaires –intentionnalité liée à l'expérience multipliée d'une forte mortalité par agression de la part des voisins dans la même aire géographique. Il faut seulement concevoir que cette intentionnalité peut se traduire par une capacité et une volonté de *reproduire une unité sociétale hallucinée.*

Ici commence, sans qu'on ne parle encore, le règne de la parole *plus libre*[14] et de son produit

---

[14] Encore une fois, il ne s'agit pas là d'un idéalisme

commun, la métaphore -l'imaginaire du grand groupe grâce à l'évocation du petit-, c'est-à-dire celui d'un enrichissement de l'hallucination du grand groupe à partir de sa contrepartie – *le petit groupe* –, et cela même avancée en contradiction. En effet, quand on *objecte* au plus grand groupe en affirmant sa différence avec la « famille » (par exemple grâce au moyen-terme comparateur « solidarité »), la métaphore demeure active. Elle progresse par sa propre contestation, par l'objection qu'elle se porte à elle-même, par la querelle, le dissensus qu'elle contient inévitablement. Toujours, désormais, se présenteront des individus et des groupes qui ne rentreront pas parfaitement dans le modèle « utile » de la transe collective.

Qu'ils soient porteurs d'intérêts catégoriels (*les* femmes, *les* autres hommes, *les* enfants, un sous-groupe d'alliés, une classe exploitée, etc.) ou qu'ils ne représentent qu'eux-mêmes comme singularités ; qu'ils manifestent leur « malaise » de façon « politique » (au sens où De Waal

---

des commencements : la « liberté » dont il s'agit est la condition logique minimale et *sine qua non* de la reconnaissance mutuelle comme « membres ». Le pacte d'indétermination réciproque implicite fonde littéralement la parole *comme acte performatif*. Je renvoie ici aux théorisations de la parole chez John L. Austin, sans lesquelles il est difficile de penser quoi que ce soit de cet *acte*, humain par excellence. On pense aussi à l'acte de parole défini par Hannah Arendt comme fondement de la « vita activa », qu'elle oppose au savoir théorétique de manière bien plus subtile et lucide que la scolastique.

parle de « politique du chimpanzé »), ou de façon seulement symptomatique, ces individus inventent sans le savoir leur propre position subjective. Ce faisant, ils apportent ce qui tient lieu d'argument à-contre, et nourrissent *la métaphore principale d'une culture* en un sens de plus en plus proche de ce qu'on entend par là aujourd'hui : ils la contestent... *en apportant des éléments de comparaison supplémentaires.* Ils *disent* par exemple : « non, c'est la famille qui est la vraie société ». Ou encore : « le familier et la société, c'est plus ou moins semblable. Cela oscille à peu près en parallèle. Quand l'un et l'autre sont injustes, ils vont mal, quand ils sont justes, ils vont bien, etc. »

Et, reprenant les uns aux autres sur des générations les mêmes *mythèmes*, les individus en question sont bien capables de parvenir à énoncer les « formules canoniques » du mythe selon Lévi-Strauss, qui sont des métaphores élaborées. Ainsi, se souvient-on de celle résultant de la floraison des mythes œdipiens : « le désordre dans la parenté *et* la croyance excessive en l'origine locale des hommes *vont de pair.* »

Non, vraiment, il n'est pas trop difficile d'admettre qu'une métaphore, une substitutionpremière[15], portée par tous les membres d'une société puisse se reconduire

---

[15] Cette pierre bleue dans le désert n'est pas « comme » la tribu. *C'est* la tribu. Son âme, en tout cas..

d'un âge à l'autre par l'entremise d'un débat intérieur… à propos de l'extérieur. Cependant, l'énigme qui reste vraiment à expliquer, *c'est pourquoi l'énergie du commencement –la volonté de survivre en passant du petit groupe au grand- se conserve identique* à elle-même - voire se renforce- une fois que le grand groupe a déjà imposé sa déformation de la métaphore, soit en la métonymisant – en faisant tolérer par exemple que les mots « père » ou « mère » soient surtout valables pour « la patrie », « heimat », « homeland »[16] ou « oumma »[17]- soit carrément en la changeant en catachrèse[18] (lorsqu'il n'y a plus aucun mot pour dire aucun autre groupe que le Sociétal lui-même). Là encore, nous préférerons l'expérience en pensée

---

[16] Rappelons qu'*Amérique* vient de la version italienne du prénom *Heimerich* composé de *rich* (puissant) et de Heim (la maison : *home*).

[17] Communauté des croyants. Mot basé sur *Ummi*, la mère en Arabe.

[18] Un exemple de la lutte *dans* la langue que représente cette figure de style est donné par Wikipédia: dire «demandeur d'emploi» au lieu de «chômeur». Selon moi, la vraie catachrèse commence quand il n'est plus possible de *se rappeler* «chômeur», (et donc « sans travail ») quand nous disons "demandeur d'emploi". Un exemple plus classique rend le cas évident: nous n'avons pas de mot approprié pour décrire les soutiens d'une chaise en dehors de « pieds ». Ce manque ne nous gêne pas trop. Il en va autrement quand nous n'avons pas d'autre mot pour dire « société » que « société »… C'est la catachrèse parfaite, celle des romans d'Huxley et d'Orwell. Elle occulte radicalement que le sens originel désigne ceux qui ne sont *pas* citoyens.

simple et limitée par le rasoir d'Occam. Il s'agira ici de *l'énergie du ressentiment.*[19]

Le lecteur aura bien lu : nous lui proposons, dans ce livre, de considérer que c'est précisément le sentiment négatif issu du *dissensus à l'intérieur du grand groupe* et jamais pacifié par la volonté commune (sous peine de suppression de la libre participation subjective), qui va, tout au long de notre histoire, répercuter et propager l'énergie culturelle, présumée au départ seulement « positive » (tout au moins quant à la solidarité du grand groupe à construire et protéger face à une adversité angoissante.)

Pourquoi ? Comment ? N'oublions pas que tout le système, au-delà de l'hallucination « de groupe » et de la volonté de sa répétition, ne tient que par la conquête permanente de l'adhésion supposée libre de chacun (de chaque petit Un en vis-à-vis du grand). L'invention du Sujet, c'est donc aussi, immédiatement, l'invention de la capacité de ce dernier de délaisser la

---

[19] Je n'avais pas lu Nietzsche avant d'utiliser ce vocable. Et c'était peut-être heureux, car ainsi je n'ai pas été tenté de limiter son emploi à la seule caractéristique des grandes religions de *soumission* (mais aussi de vengeance sociale). Je pense que ledit ressentiment est consubstantiel de l'effet anthropologique de la parole : dès qu'un individu est reconnu par l'autre comme source d'adhésion libre au groupe, *il est susceptible de trahir.* Et le potentiel de ressentiment se maintient d'autant plus que ladite trahison est consolidée en différence d'intérêts à l'intérieur du groupe et sur le long terme.

cause, de quitter le navire, de se « désaffilier » (dirait R.Castel), de se « désubjectiviser ». Or cette méfiance peut être suscitée par un simple désaccord ponctuel, ou encore par une légère divergence entre deux segments ou deux partis dans le même groupe. En ce sens, la même qualité attribuée à l'individu d'une capacité de pure loyauté, d'obédience librement consentie, est cause de son envers -l'inimitié, la dissidence, l'hostilité- et leurs caractéristiques : mensonge, duplicité. Macbeth n'est au fond que le double nécessaire de Macduff... et inversement. La perversion n'est que l'autre face de la rectitude.

Dans toutes les sociétés, y compris les plus soumises à une sacralité totalisante, l'individu existe donc comme point d'infraction possible. C'est pourquoi, d'ailleurs, il peut encourir de se tuer lui-même si la sacralité a été blessée. Même sans l'avoir voulu, le jeune Wakelbure dont Marcel Mauss rappelle qu'il a mangé de la femelle opossum interdite, meurt en trois semaines. Il s'agit bien de « lui » comme coupable, mais aussi de « lui » comme sujet suicidant, même pour se conformer à la loi. Le sujet de la parole n'a donc pas attendu la culpabilité chrétienne pour se pointer comme source unique... de la résistance à l'Un, même si cette résistance, névrotique ou folle, va finalement l'écraser en retour. Comme si l'affirmation tentée d'être un sujet de soi-même se retournait immanquablement en sujétion renforcée à l'ordre implacable et tout puissant de la socialité. Ne croyons pas alors que l'énergie négative soit éteinte : les parents du « coupable » sont aussi atteints, mortifiés ou éclaboussés. Il est même possible qu'une propagation du fait mortel ait lieu, rendant l'énergie du ressentiment ainsi diffusé bien plus importante qu'au moment de la première infraction.

Les bases de la vendetta sont posées, régression toujours possible jusqu'aux parricides, matricides et fratricides. Pour autant, l'énergie utilisée à cette implosion tragique de toute structure ne cesse jamais d'être celle-là même qui pousse à l'union toujours plus vaste, toujours plus complète. Elle est alors vengeance pour l'échec momentané du processus positif auquel elle ne renonce pas. En témoigne par exemple, l'appel poignant de ces villageois afghans aux Occidentaux, dans l'espoir que ces derniers pourraient enrayer les séries de meurtres réciproques auxquels ils se voient « contraints » par la loi de la vendetta, après la destruction de leurs chefferies féodales par les Talibans[20].

Nous ne tenterons pas ici —comme on le ferait dans une étude ethnologique spécifique— de comptabiliser les grandeurs respectives et

---

[20] Ce fait est relaté par Rory Stewart dans son journal de marche *En Afghanistan*, Albin Michel, Paris, 2009.

comparées du crime et du châtiment, ni même celles de la loi et de la souffrance à lui obéir. Il est très possible, d'ailleurs, comme le disait Claude Lévi-Strauss, qu'il n'y ait *pas* d'économie des affects qui soit commensurable[21]. En quoi un père cédant ses filles contre celles d'un autre est-il particulièrement « frustré » ? Rien ne permet de l'établir de façon sûre. En quoi une mère est-elle toujours diminuée dans la jouissance de ses enfants par le culte d'une « Grande mère » qui peut éventuellement les lui arracher pour le bien commun, tout en la gratifiant d'un mérite exceptionnel ? En quoi est plus ou moins tolérable la manifestation dans son propre corps d'un esprit maternel errant et hostile, si cette femme utilise aussi ce fantôme comme ambassadeur de sa propre cause auprès d'hommes qu'il terrifie ? On ne le saura jamais,

---

[21] Un dogme essentiel de l'anthropologie est que ce sont les systèmes structuraux de valeurs qui organisent les affects, laissant presque impondérable l'origine « neurologique » de ceux-ci (généralement délaissée à des idéologues scientasmatiques). Sans ce dogme, l'anthropologie comme *science de la culture* disparaît derrière une « psychologie » négatrice du fait de parole comme fait social. Les staliniens faisaient disparaître des militants de la photo. Mais le libéralisme fait mieux en matière d'épistémologie : il fait disparaître des disciplines entières de la science, sous la seule pression avide et aveugle de « collègues » mieux placés dans la politique et dans la police : ainsi de l'anthropologie qui tend à se côter bien mieux en tant que spécialité de médecine légale qu'en tant que science du fait humain par excellence : la culture.

même s'il faut toujours préparer des dispositifs pour parer l'urgence d'une irruption fatale.

Ce que nous pouvons, en revanche, affirmer sans crainte de trop nous tromper, c'est que, tant que l'adhésion libre de l'individu est exigée du Tout social, et cela par la simple répétition des rituels pratiqués *ensemble* -qu'ils soient massivement physiques ou réduits à la parole verbale- tant que se reproduit la pratique de la « métaphore pour tous »... *alors du ressentiment est induit partout.*

Qu'il soit ici aigu, et là atténué au point de devenir plaisir, ce ressentiment général ressemble à une douleur diffuse signalant une surface de contact. Il est clair que rien ne permet de la faire disparaître puisque, d'un certain point de vue, c'est cette surface qui signale réciproquement les sujets de l'adhésion, et le Tout auquel ils doivent faire allégeance.

Imaginons que le Sociétal ait absolument gagné la bataille de la conviction et que tous ses membres *fonctionnent* désormais parfaitement – un peu comme dans ce qui est aujourd'hui attendu par l'idéologie transhumaniste de la cyborgisation des Humains, parcourant le cinéma hollywoodien.

Aucune souffrance : dès qu'une blessure – physique ou morale- est introduite, un produit analgésique à effet total et immédiat est injecté (comme dans les jeux vidéo.) On voit bien alors que le « fait humain » disparaît, et avec lui l'énergie même de la volonté de totalisation. Que faire avec une armée de robots, une fois que tout est robotisé, s'il n'existe pas au moins deux survivants humains capables de souffrir en se combattant, et de rêver toujours à une autre frontière, une « autre société » ?

Pour le dire autrement : l'énergie apportée de l'extérieur au démarrage du système culturel par la crainte partagée d'ennemis et par la conviction de l'importance de former un groupe unifié beaucoup plus grand, tend, *à partir de certaines échelles de réalisation de ce vaste groupe,* à être remplacée par *une énergie de la division intérieure.*

Celle-ci peut être identifiée à la somme des souffrances que fait naître et fleurir l'agrandissement du groupe à chaque étape et pour chacun de ses membres, dans chacun de ses aspects personnels. La souffrance est interprétée par chaque acteur comme un complexe de maux et de biens, de vertus et de vices, bref comme imputable aux interlocuteurs eux-mêmes dans leur pratique de l'engagement parolier : *l'obligation d'être libre.*

Deux mots permettent de reconnaître l'inéluctabilité du ressentiment affectant l'histoire humaine comme son sens le plus constant : « paradoxe », et « folie ».

Le paradoxe est l'effet inévitable de toute culture parolière imposant à chacun de ses membres de participer...librement. En effet, sans la liberté absolue de *prendre* la parole, il n'y a pas de parole, pas de sujet de la culture[22]. Mais sans contrainte absolue d'entrer dans le monde culturel humain, il n'y a pas non plus de culture. « Je » ne suis donc pas libre d'éviter de… prendre et soutenir *librement* la parole.

Ce paradoxe traumatique est imposé à tout enfant (*infans,* celui qui ne parle pas), de telle façon qu'il n'est reconnu par ceux qu'il chérit (surtout sa mère) que s'il vient prendre la place de ce « Sujet » aux deux sens *contradictoires* d'assujetti et d'auteur de sa propre parole.

Le paradoxe est d'autant plus douloureux que la reconnaissance par autrui est, chez le petit primate humain, une nécessité neurologique (comme le montrent les études sur « l'attachement », popularisées par Boris Cyrulnik). Ne pouvant se réaliser que sur l'*imago* d'un personnage (le sujet de l'énoncé) qui n'est pas « lui » mais le devient par incarnation, l'enfant humain doit trouver une solution à cette antinomie fondamentale de la culture. Mais, comme un paradoxe ne reçoit, par principe, aucune solution, l'Homme est en butte au « malaise dans la culture » repéré par Freud, manifestant cette impossibilité et le caractère toujours faux des solutions qu'il développe,

---

[22] Un humoriste turc disait que sous le dictateur Recep Tayyip Erdogan, il y avait liberté d'expression, mais plus de liberté *après* l'expression.

pour ne pas être cantonné à la folie inhérente à toute entrée en culture.

En ce sens, d'ailleurs, n'oublions pas que nous n'échappons *jamais* complètement à la folie, même s'il existe des différences importantes de degré entre les solutions choisies. Inversement, n'oublions pas non plus que ce qu'on nomme « psychoses » dans le scientisme moderne, sont *aussi* des tentatives de solutions, même si elles sont plus douloureuses et moins probantes encore que les récits névrotiques ou pervers que nous entreprenons le plus souvent[23]. Bref, la folie n'est pas l'apanage de « l'autre », et ceci aussi bien sur le plan individuel que dans les formes collectives d'affrontement du paradoxe subjectif.

Le *ressentiment*, à savoir l'attribution à une autre personne ou groupe de la cause du malaise essentiellement vécu par chacun dans le paradoxe inhérent à la parole, est la forme la plus banale -individuelle et collective- de solution à ce paradoxe comme menace de folie. C'est un refoulement, une fiction utile qui

---

[23] Sans entrer ici dans une catégorisation psychologique nous pouvons soutenir que les névroses sont plutôt des stratégies de compromis entre le devoir d'indétermination mutuelle et l'envie de déterminer (soit par le défi, soit par le défilé du rangement), les perversions, des compromis par objectivation de la relation (en général dans une partie ou un aspect du corps), et les psychoses des refus catégoriques de l'indétermination, soit par défense acharnée d'un Sujet idéal, soit par objectivation du Sujet.

consiste, comme l'avait fort bien pointé Spinoza, à désigner une cause extérieure - humaine et/ou démoniaque- au malaise inévacuable, et à définir celui-ci comme manque.

C'est de cette destinée dudit malaise que découle notamment l'impressionnante créativité humaine, la mobilisation incroyable des capacités cérébrales d'*Homo sapiens/demens*[24] depuis qu'il parle. Il s'agit dans tous les cas d'enfin parvenir à « être » en arrachant au monde et à autrui cette part qui nous serait due, pour simplement devenir ces sujets reconnus qui possèdent le secret de notre propre existence.

En effet, ce *discomfort* nous force désormais à découvrir de nouvelles solutions, lesquelles, à leur tour, dérangeront des sujets, pris sous tel ou tel aspect de leurs intérêts, parfois de façon isolée, et parfois de façon massive.

Il ne s'agit pas de considérer ici un progrès définitif possible dans le choix de formes d'inquiétudes, de malaises plutôt ponctuels ou bénins : on ne sait en effet jamais si, dans l'avenir plus ou moins proche, ce ne sont pas ces formes bénignes et minoritaires qui vont devenir envahissantes. Inversement, des solutions satisfaisantes pour de très grandes masses peuvent comporter des dangers liés à la

---

[24] Je retiens cette opposition d'un propos du sage contemporain, Edgar Morin.

massification (et bien envisagés par Elias Canetti), ne serait-ce qu'en cas de retournement de conjoncture, en obligeant *l'hostilité à se déclarer à cette échelle*, entraînant par exemple des dizaines de millions de morts[25]. Elles peuvent aussi « manger » le monde qui les soutient : nous voyons aujourd'hui apparaître ces problèmes. Que faire ainsi, de huit à dix milliards d'Humains dont une immense majorité de très pauvres immigrés dans les métropoles du monde entier, et maintenus là majoritairement dans l'inutilité sociale ou le chômage, alors que des poignées de Riches ou de « Moyens » tenteront de survivre hors de cet engloutissement soit en écrasant ou en exploitant, soit en s'isolant ?

Que peut-on dire, dès-lors, sur une possible histoire de l'« énergétique » de la culture humaine, sinon qu'elle est probablement un processus récurrent, assignable *à la relance et à la propagation incessantes du ressentiment, à la métamorphose de la peur et de la haine extérieures en reproches mutuels, intérieurs à l'entité sociétale* ?

Tout en sachant que nous ne pouvons offrir des solutions politico-administratives, lesquelles ne peuvent de leur côté que consister en

---

[25] Dix-huit millions pour la première guerre mondiale, par exemple, dont moitié de civils, et soixante millions, pour la seconde, par exemple. (contre 5 millions pour les guerres napoléoniennes).

palliatifs temporaires[26], nous proposons de travailler cette question par une méthode inductive, en partant d'un état imaginaire de complétude collective, puisque c'est bien cet état qui est visé au terme de tous les conflits possibles issus du ressentiment. Bien sûr, pour ne pas nous contredire, nous devons supposer l'état le plus proche de la complétude *sans l'atteindre*, puisque une fois atteinte, elle bloquerait assez vite toute énergie parolière possible, éventuellement dans une explosion / implosion terminale.[27]

Comment donc définir l'état de complétude sociétale le plus avancé, mais néanmoins « supportable »? Et comment, depuis ce point imaginaire plausible, remonter le cours des principales arborescences qui auraient pu y conduire ?

---

[26]Personnellement, je suis favorable à toutes solutions *retardant* la catastrophe inéluctable, et surtout le moment de l'explosion de violences sociales autodestructrices, en contenant au mieux la distinction sociale entre immigrés pauvres et « identitaires » aisés, car cette fracture -qui n'a rien de pluraliste- ne peut que rendre encore plus difficile, voire impossible, la reconstruction d'un monde humain.

[27] Nous développons au cours de ce livre et d'autres la démonstration du fait qu'une société-monde, en excluant l'écart externe et interne à la norme universelle autoréférente, se prépare à sa propre défaillance comme lien de parole, lequel implique « un échange d'incertitudes ». Nous invitons le lecteur à reprendre l'ensemble des moments d'explication, car la formule brève, tranchante et choquante, peut le rebuter et lui faire manquer l'objet même de ce travail.

On peut admettre que la situation la plus proche de la complétude sans y atteindre peut être représentée par un *état qui ne permette plus la guerre entre entités politico-militaires*. C'est en effet la manière la plus radicale d'en finir avec la causalité « extérieure » de la poussée vers l'Un, mais c'est encore la condition pour réduire les conflits internes à des « affaires de police », puis peut-être à de simples différences réglables par la négociation sociale.

On supposera aussi que cette situation est pratiquement *celle que nous connaissons* en début de deuxième décennie du troisième millénaire de l'ère chrétienne. Il est en effet clair que la guerre mondiale devient difficile à déclencher, bien que puissent se multiplier les « conflits de basse intensité »[28]. Certes, rien n'est jamais sûr, mais le pire l'est moins qu'il y a un demi-siècle, ou qu'au plus glacial de la guerre froide entre communisme et capitalisme armés jusqu'aux dents de vecteurs thermonucléaires.

Un autre aspect d'une situation de quasi-complétude est l'homogénéité des systèmes de

---

[28] Ces paragraphes ont été rédigés au moins un an avant que M. Trump ne se targue d'avoir réconcilié les deux régimes coréens, et peut-être atténué le risque de conflit nucléaire dans cette région du monde. Il faut dire que, simultanément, il a amplifié le risque de radicaliser le régime iranien dans sa volonté d'acquérir la bombe et ses vecteurs de longue portée, et qu'il a poussé les Israéliens à déchaîner leur haine contre les Gazaoui.

communication et d'échange, ainsi que de consultation politique et d'administration.

Là-encore, nous y sommes «presque» : d'une part l'ensemble du monde est aujourd'hui relié au rythme de la lumière pour la communication immatérielle et l'information généralisée, appuyée par le recours à une unique langue véhiculaire : l'anglais international (le « globish »). D'autre part, la quasi-totalité des Etats ont adopté des règles proches et des formes de légitimation plus ou moins compatibles. Ils n'arrêtent pas de se consulter, de s'aménager les uns par rapport aux autres, de translater leurs lois, de copier leurs constitutions et leurs réglementations, voire de se transmettre renseignements et données. Parfois s'entre-dévorant encore, ils sont le plus souvent soumis à des institutions ou des traités quasi-universels. Ils deviennent les arrondissements d'un Etat-monde virtuel, dont les catégories fondatrices sont celles construites par l'Organisation des Nations Unies à partir de la déclaration des droits de l'Homme de décembre 1948.

Bien sûr, des disparités profondes persistent entre pays et à l'intérieur de chacun d'entre eux. Des déséquilibres extrêmement importants subsistent ou se développent, notamment entre régions d'emploi et de sous-emploi, entre économie financière et réalités de l'activité actuelle et future, entre ressources et démographies, entre humanité et nature, entre idéologies traditionnelles et futuristes, etc. Mais nous pouvons néanmoins partir de la situation présente comme approximation d'un modèle d'unité, de *mondialité réalisée* plus que de « mondialisation » ou de « globalisation », expressions devenues presque surannées en vingt ans.[29]

Il est patent que cet état actuel de « quasi-mondialité » n'est pas poussé tout-à-fait au point de représenter l'idéal « ultime mais encore supportable » dont nous avons fait le point-clef de tout notre raisonnement. En témoignent apparemment les bouffées de violence régressive ou passéistes incarnées, par exemple au Moyen Orient par Daesh ou le salafisme ; ou bien encore par la haine couvant en permanence entre les gigantesques masses ralliées aux identitarismes hindous et bouddhistes, et les populations musulmanes partageant avec elles les mêmes aires géographiques. Mais les violences semblent également survenir comme formes expansives, visant à l'unification plus

---

[29] Il suffirait évidemment d'un basculement soudain dans une crevasse de l'Histoire pour que tout notre discours devienne soudainement *ridicule*. Néanmoins, ce sentiment serait une erreur, quoi qu'il en soit : même le plus épouvantable cahot, la parenthèse la plus folle, la régression la plus infantile, la ruade la plus meurtrière ne sauraient, d'après moi, effacer le fait essentiel concernant nos générations, à savoir *l'approche acharnée* de la mondialité réalisée. Que cette approche, comme celle d'un avion, puisse aboutir à un *crash*, est toujours un risque réel. Elle ne sera, pourtant, que *retardée* d'autant.

large, transnationale, intercontinentale, et en compétition idéologique sur ce plan avec les institutions participant de plein gré au mouvement global.

Cette réactivité -tissée notamment de révoltes individuelles- est aussi liée aux effets induits par la planétisation de l'économie capitaliste libérée par les échecs des socialismes nationaux. Ainsi, nous voyons bien que le « libéralisme » qui a réussi à l'échelle planétaire à susciter d'énormes flux financiers et économiques, a produit aussi –contrairement à la « joie de vivre » que Nicholas Georgescu-Roegen assignait comme but à l'économie- une énorme quantité de *ressentiment généralisé,* bien au delà d'un assemblage de motifs de reproches particuliers.

Celui-ci s'établit sous trois espèces liées :

-l'impression d'avoir été massivement « grugés » par une élite mondiale de l'argent, qui recourt aussi bien aux dominations politiques les plus dictatoriales qu'aux dispositifs les plus libéraux, et le sentiment d'esclavage induit par l'endettement à vie et sur plusieurs générations.

-l'angoisse de devenir « inutiles » par l'accès de plus en plus faible aux emplois.

-le fait que la promesse technologique, non tenue en termes de « bonheur », secrète dans son propre processus des dérives mortifères contre la nature et l'humain.

-le fait que nous soyons, tous autant que nous sommes à l'exception d'une élite universalisée, déniés et dénigrés dans nos traditions et transmissions culturelles particulières.

Il y a tout à parier que les décennies à venir seront marquées par de nombreuses tentatives de libérer l'humanité comme telle de ces souffrances, d'ailleurs intriquées. En mettant à part les problèmes écologiques planétaires d'amp-leur et de complexité jamais rencontrées, les sociétés humaines ont d'ailleurs eu déjà recours à des solutions d'ensemble, dans des situations qui semblaient inextricables. Pour ne citer que l'antiquité occidentale, on se souvient que la limitation de l'esclavage pour dettes remonte à Solon, mais se répercute dans la problématique romaine tardive des Gracques. On la retrouvera, entre autres, dans les Amériques des XIXe et XXe siècles.

Cet argument d'une « possible régulation » n'est pas proposé ici pour faire apparaître comme probable une « révolution sociale-écologique mondiale » finissant par incarner presque malgré eux des idéaux pourtant fourvoyés maintes fois dans des impasses et des illusions douloureuses à l'échelle de centaines de millions de personne (s'agissant par exemple des dérives staliniennes ou maoïstes).

Il n'est cité que pour indiquer certaines pistes concernant la pluralisation future à partir de l'actuel. En effet, selon la théorie que nous utilisons ici, ladite régulation globale ne fera que remanier, puis exacerber le ressentiment en focalisant son objet *sur l'organisation humaine en tant que telle*, et non plus sur tel ou tel détail irritant telle ou telle fraction de la population.

On peut, certes, penser qu'une certaine « justice » sociale et économique pourrait être instaurée et stabilisée à l'échelle mondiale, passant en partie par l'affinement de mécanismes du marché, et en partie par la régulation étatiquetechnobureaucratique honnie par Von Hayek et toute l'école du mont-Pèlerin.

Mais ne voit-on pas apparaître désormais, en vis-à-vis de chaque nouvelle strate de solutions « rationnelles », des angoisses, des problèmes, des « défis » toujours plus forts ?

Ainsi : que faire, dans ce cadre, du non-emploi, chronicisé par le recours de plus en plus structurel à l'automation et la télématique ? Et si une « équité sociale mondiale » doit être assurée en rendant moins nuisible le prélèvement correspondant sur la nature, comment allons-nous opérer, puisque l'effort écologique risque bien d'être destructeur d'emplois et de consommations ? Voila, probablement, une ligne de faille irréductible, incluant celle, moins lisible, des limites de l'action humaine sur la nature.

Et il faut noter que cette faille se creuse à partir de myriades de conflits, en répliquant exactement l'émergence des grandes solutions qu'on prétendait apporter à ces conflits. Désormais, et du fait même de la légitimité universelle des dites solutions, le ressentiment libéré peut se présenter comme celui de chaque Humain à l'encontre de la masse de ses congénères, et du même coup, celui de la *masse du Tous contre chacun*, ou au moins contre chaque groupe de solidarité identitaire ![30] L'humanité risque d'apparaître comme sa propre ennemie, alors que chaque sujet humain qui s'y inscrit logiquement, devient potentiellement l'ennemi de l'autre, quel qu'il soit : un être mécanique, normé, cachant sous sa forme naturelle symboliquement épuisée, l'algorithme de sa pure positionnalité comme individu géré par le « système », nécessairement plus informé que lui des possibles raisonnables. Un *sujet catégoriel vide*, ou seulement empli par les « valeurs » incontestables du grand Autre collectif global.

C'est exactement à ce point que nous voyons se conjoindre l'unité imaginable la plus élevée et la plus complète, et l'apparition d'une faille dans la totalité en tant que telle, comme totalité d'individus, et n'émergeant *plus seulement* de

---

[30] Cette dérive perceptible de la haine identitaire classique (raciste, nationaliste, etc.) vers une haine de l'humanité contre elle-même est l'un des exemples les plus forts de la suppression potentielle de l'acte de parole dans la société-monde autoréférente.

conflits d'intérêts corporatifs ou de grandes classes d'oppositions frontales[31].

Comment peut-on en arriver là ? Ou, plus précisément : comment le maintien de l'énergie « désirante » du ressentiment comme forme vide ultime de « l'être ensemble ») pourrait-il être cause du nouage des lignes historiques ayant abouti à la situation actuelle ? Celle où l'on veut désormais ce dont on pense avoir été privé par l'adhésion obligatoire, castratrice, de n'importe quel Sujet humain au Sociétal-Monde ? Est-ce qu'il existerait un rapport entre une conservation de l'énergie occupée à unir les Humains à chaque époque et la lente fabrication d'une dissociation combinant concentration de la richesse, extension de la pauvreté chronicisée, expulsion de l'humain hors la production, et enfin destruction des conditions vitales et des Humains eux-mêmes ?

---

[31] Rappelons que la « frontalité », à savoir l'apparition simultanée de protagonistes très semblables, est un facteur presque incoercible de conflit impitoyable. Elle représente en effet le miroitement intolérable qui pose *en l'autre l'existence* de sa propre identité. Le miroir entre yiddishland et identité allemande nationale a été l'une des causes les plus fortes de la haine raciale. Le mimétisme entre « Shoah » et «Nakba », ou entre « Alya » et « grand retour » est probablement la cause cachée de l'enragement identitaire des Israéliens les poussant à des actes insensés, proprement « paranoïaques ». On pourrait même faire de ce phénomène une question de base pour un candidat à la reconnaissance comme géo-anthropologue : cherchez le lieu *où les ennemis se ressemblent le plus*, et vous pouvez en déduire la plus haute probabilité de conflit sanglant inexpiable.

N'est-ce pas plutôt l'approche d'une situation mondialisée ou universalisée qui rend encore plus manifeste le fait que l'énergie humaine ne reste tendue vers ce but, que parce qu'il semble se dissoudre à mesure qu'on croit l'atteindre en détruisant un à un les critères particuliers de ressentiment, du reproche mutuel ?

Ces questions sembleront peut-être déraisonnables. Elles ne le seront jamais autant que la folie de l'histoire humaine, si bien résumée par Macbeth dans la fameuse tirade à propos de la sienne : « un récit conté par un idiot, plein de bruit et de fureur et qui ne signifie rien ».

En fait, il est clair que l'unité une fois suffisamment réalisée (dans un peuple, une nation, un empire, etc.), nombre de dangers, de pathos, de difficultés qui étaient directement imputables à l'ennemi extérieur, paraissent provenir désormais de *l'intérieur*. Toutes les métaphores qui avaient pour but de rêver l'unité comme solution finale se retrouvent mises en flottaison à propos de querelles intestines. L'énergie, ici, se reproduit bien au même niveau, à ceci près que chaque problème intérieur peut donner l'impression d'être solutionnable par compromis et régulation, supposés toujours possibles dans une même entité civique.

Pourtant, et malgré une succession de solutions partielles, locales, la *haine* –pour ainsi dire désarrimée de motifs et d'objets particuliers– semble bien se conserver et même s'amplifier. Il faut, décidément, expliquer cette constance, alors que tout est fait pour « calmer le jeu », et de plus en plus efficacement.

Or, à partir du moment où nous récusons l'explication par un trait purement psychologique -une sorte de damnation -ou salvation- de l'animal humain par sa propre conformation cérébrale-, nous sommes irrésistiblement conduits à considérer que cette fatalité du déplacement sans déperdition de la haine de l'extérieur vers l'intérieur ne peut être due *qu'au mécanisme culturel lui-même, et cela, dans son origine, sa structure essentielle, son fonctionnement répété et sa dérive spécifique.*

L'hypothèse que nous suivrons -parce que pour sembler la plus folle, elle n'en est pas moins... la plus convaincante- c'est que nous cherchons à refouler, à ignorer, à euphémiser, à minimiser un fait massif : tout au long d'une histoire collective (celle d'une « métaphore orchestrale » -pour reprendre Gilles Châtelet-) : à savoir que cette métaphore -utile pour fabriquer de l'unité- *néglige ou dénie* la contradiction radicale existant entre les deux termes qu'elle rapproche.

Par exemple, la métaphore de la « famille humaine » chère à René Cassin (et aussi à tous les célibataires piégés dans le : « Familles, je vous hais ») s'efforce de cacher, voire d'étouffer la vérité plus profonde selon laquelle *jamais* le Sociétal ne pourra remplacer le Familier, bien qu'il cherche toujours à en emprunter le contenu : affection, attachement, solidarité, dépendance, devoir moral et responsabilité de niveau supérieur, etc.).

Néanmoins, ce refoulement social utile ne parvient pas à ériger des barrières suffisantes pour apporter l'oubli complet. Bien au contraire, il doit lutter constamment pour empêcher le retour de l'évidence. Et c'est sans doute de cette lutte incessante et de long terme que se dévoile peu à peu la formule la plus irréductible, mais aussi la plus épurée de la contradiction de base : le pur paradoxe qui s'établit, cette fois de manière incontournable, lorsque l'idéal collectif semble avoir absorbé la référence originelle au point qu'il paraît être devenu autoréférent. Ainsi, dans un énoncé du type : « la famille, c'est la société », on s'approche de l'autoréférence, et, avec elle, du paradoxe qui tient à ce que, si c'est bien le cas, alors la famille réelle disparaissant comme référent, la société ne sait plus non plus ce que c'est qu'être une famille, *et ne parvient plus non plus à se saisir comme société.*

Mais le plus extraordinaire, ici, c'est que le Sujet convoqué pour faire vivre cette métaphore -fut-ce en la récusant-, se trouve être, dès l'origine constitué par cette situation, formé lui-même d'une dualité intime. Il doit éprouver en lui-même la valeur et la vérité de la comparaison, et celle-ci ne fait qu'objectiver ce qu'il est : *à la fois* un garant du « témoin » servant à la comparaison, *et* un être de chair incarnant une relation concrète entre un pôle et l'autre de la comparaison : par exemple, *entre le Familier et le Sociétal.*

En ce sens, tout vivant humain fait Sujet de cet acte (de parole) a toujours lui-même été constitué de la contradiction qu'il a dû juger tout en la produisant. De sorte que, quels que soient par ailleurs ses motifs de querelle avec d'autres Humains parlants, il a toujours été porté -fût-ce dans ses rêves ou ses cauchemars, mythologisés ou non- à opposer en lui-même l'idéal auquel il « devait » adhérer, et ce qui résisterait à cet idéal. Dès lors, le ressentiment le plus énergique semble s'être porté, au fil des siècles, sur les deux faces d'un même antagonisme concernant *la liberté paradoxale d'agir* « en tant que membre » (notamment dans la parole).

Si le ressentiment consiste à surtout à récuser l'appartenance illimitée, écrasante, le désir qu'il porte vise à *maintenir une part de liberté.* Or cette part, lorsqu'on est situé dans une société massive interdisant le départ *de facto,* [32]consiste essentiellement en quelque chose qui est soustrait au contrôle collectif. Le *Sujet du ressentiment* se manifeste comme *auteur* de cette soustraction, de ce retrait. Il le peut par deux voies complémentaires, qui n'ont rien d'altruistes :

-il enlève à autrui la pleine capacité de produire ses propres moyens de vie ; il accapare le rôle de *producteur* ou *d'auteur* (qui en est dérivé.)

-il prétend en même temps limiter la part des biens qui doivent aller au maintien de la survie de cet *autre* confiné dans le parasitisme. Il borne le revenu d'autrui en deçà de ce que celui-ci obtiendrait avec le statut de producteur. Il le rend improductif *et* pauvre.

Le ressentiment porté par le Sujet récusant le Sociétal par la liberté d'agir, se transfère alors en partie à l'improductif pauvre, qui exige, désormais, d'être reconnu comme Sujet, mais cette fois au contraire sous couvert du Sociétal. Ce dernier n'est donc plus —pour le grand nombre des Pauvres placés en dépendance improductive durable- synonyme de Totalité aliénante, mais de *système protecteur.*

---

[32] Des exemples de ce *de facto* jalonnent l'histoire contemporaine, du Québec à l'Ecosse, de la Padanie à la Catalogne, du séparatisme tamoul aux identités sahariennes, etc.

Surgit alors l'apparence d'un conflit social pur entre « l'entrepreneur » et l'actif improductif. Ce conflit oscille entre une situation « libérale » où l'entrepreneur impose sa propre version du ressentiment (contre la limitation de la liberté d'agir), et une situation « socialiste » où c'est à l'inverse l'actif improductif qui tente de promouvoir la sienne, à commencer par l'exigence de faire reconnaître son activité comme production, *ce qu'elle n'est pas,* puisqu'elle est souvent pur prétexte à un entretien minimal de sa simple existence (de sa « vie nue » dirait Agamben) par l'Etat.

La conjoncture évoluant dans l'oscillation entre ces deux pôles, il est possible que l'Etat-Nation, expansif ou non, impérial ou non, devienne une structure indispensable d'arbitrage, de conciliation et d'ordre. Cet Etat-Nation réalise en effet un cadre de reconnaissance pour une masse humaine importante, à une échelle telle que l'inégalité (des revenus) ou l'expulsion (des emplois productifs) peuvent être traités avec une rigueur et une souplesse suffisantes.

Mais il est aussi clair que l'ensemble des employés de l'Etat, dont les « élus » constituent en régime démocratique sa propre catégorisation de *Sujets-Souverains,* concourent à imposer une volonté au reste de la population, *Volk* (signifiant ceux qui *suivent*), masse subissant une loi dont elle n'est que très peu l'auteur. [33]

La bataille inévitable qui se dessine entre ce grand groupe et celui de l'activité économique se dispute l'adhésion et la loyauté des personnes que chacun exploite ou/et passivise, de sorte que, dans telle circonstance, le *travailleur* ou *l'usager*, le *citoyen* ou le *consommateur* peuvent paraître se rallier à tel camp (généralement sous les bannières « politiques » de la Droite ou de la Gauche ou de leurs substituts occasionnels). Mais il serait naïf d'en conclure que ces catégories de personnages ont une densité suffisante pour constituer à eux-seuls des armées, alors qu'à l'évidence, ils ne sont, dans tous les cas de figure, que la *piétaille* d'ensembles stratégiques qui les dépassent, les incluent, les exercent et les disciplinent. Ces ensembles ne se réduisent pas aux classes marxistes, et leur ondoiement interne ou externe ne doit pas seulement passer pour de la « contradiction secondaire » ou de « l'alliance de classe ». Ce serait trop simple, et de ce simplisme, on le sait, sont nées les plus effrayantes erreurs des mouvements sociaux d'un passé récent.

---

[33] Je rappelle, encore une fois, que cette « corruption » de la subjectivité par la division interne du très grand groupe sociétal est un *fait subi,* et qu'il ne doit certainement pas pousser à opter pour sa version « libérale », qui signifie seulement à terme l'abandon d'un peuple par ses élites.

En remontant le temps (ou parfois dans des périodes de régression), nous voyons les entités *nationales* se fragmenter ou se réduire à des groupements plus petits, parfois englobés dans de vastes ensembles multinationaux.

Est-ce que cela correspond à des formes de l'énergie du ressentiment qui seraient éloignées du modèle plus récent ? Apparemment non, puisque la *populace* à la fois très pauvre et désœuvrée est une constante dans des sociétés de structures différentes[34]. Au moins doivent-elles *toutes être très nombreuses,* ce qu'elles ont déjà en commun avec des cultures beaucoup plus tardives, mais qui ont « retrouvé » le nombre ou multiplié celui-ci. Un trait se révélerait donc ici : pour qu'une totalité sociétale fonctionne surtout dans sa visée énergétique fondée sur le ressentiment de ses membres, grâce à l'opposition centrale richesse-liberté d'action / pauvreté-exclusion de l'action, il faudrait – et il suffirait peut-être – *qu'elle soit très nombreuse.* Nous pourrions alors en déduire, cette fois dans le sens du passé vers

---

[34] Trait presque amusant : une recherche sur la vie des fourmis vient de démontrer, en marquant chaque individu, qu'un nombre très important... passe son existence à ne rien faire ! Outre qu'une telle découverte entre en collision avec le stéréotype de la fourmilière comme pur ensemble de fonctions, elle pourrait abonder dans le sens de notre démarche : le très grand nombre, en induisant une spécialisation très efficace, conduit peut-être du même coup à l'inutilité d'une bonne partie des membres !

l'avenir, que la magnification de ce trait dans la société mondiale ne tiendrait pas tant à son unicité terminale qu'au nombre gigantesque d'individus qu'elle contient (bientôt huit milliards de personnes).

Dans des cultures plus anciennes encore, dont le nombre, la densité, tombaient au dessous des chiffres nécessaires à « une masse », il n'en allait pas de même parce que le producteur-auteur *ne pouvait pas* déposséder de grands nombres de gens de l'utilité incontestable de leur activité, et ne pouvait pas non plus les démunir d'un revenu lié à cette activité, *sauf à les changer en esclaves.*

Cependant, comme Hegel l'a montré, le rapport maître-esclave *stricto sensu* n'avait pas le même sens que le rapport producteur-improductif puisqu'il réunissait au contraire activité utile et non-liberté, ou à l'inverse pure liberté et oisiveté (studieuse ou non). Là encore, repasser à l'envers le « film » des modes de production et d'existence a un effet révélateur : cela dévoile que, dans le sens du temps, l'énergie du ressentiment préférera finalement regrouper ensemble *tous* les avantages (agir *et* être libre) et d'un autre côté *tous* les inconvénients (être contraint *et* ne rien faire), plutôt que de les croiser : le système du *maître oisif* ne marche donc qu'un moment avant de laisser la place à une tendance encore plus aliénante pour les uns, plus satisfaisante pour les autres. On pourrait presque anticiper, en suivant la même pente, que le « pénultième », système s'ins-pirant des films sur les zombies *fera des maîtres du futur les seuls humains à la fois libres et utiles* ! Dans l'autre direction, en se rapprochant encore davantage des commencements, c'était la liberté de *ne pas participer*, fut-ce en produisant pour sa famille, qui apparaissait comme marque « première » d'un sujet : le héros, par exemple, défiant les lois humaines et naturelles. Ou le groupe « libre » ne se laissant pas rabattre sur l'économie comptable et avilissante du grain. Bien entendu, toutes sortes de ruses pouvaient contribuer à cette résistance, comme ce « criminel » sacrilège, cité par Lévi-Strauss, et qui s'en tire en devenant lui-même… chamane, occupant ainsi la seule position licite pour continuer à défier l'ordre symbolique !

Utilisons maintenant notre petite machine à triturer la temporalité pour obtenir un « accéléré ». Nous pourrions articuler un ensemble de temps composites, et hasarder que le Sujet actuel, Sujet pour ainsi dire évacué, vidé, ne rechercherait pas tant la liberté (de chômer ?) ou l'activité casernée, saturante et polluante, mais plutôt à forger un « monde à lui » et différent des autres, à la surface du système totalisant qui ne le fait exister que dans l'inexistence numérotée, ou dans l'isolement d'une élite mondiale extrêmement minoritaire.

Autrement dit, en tentant l'exercice -certes trop audacieux- de tracer la ligne la plus directe entre le Sujet des commencements et le Sujet post-moderne[35], nous pourrions dire que l'on passe, par remaniements successifs du ressentiment comme moteur principal et formateur du phénomène subjectif lui-même, *d'un désir de liberté dans la totalité, à un désir d'exister hors d'elle, au prix de s'attacher à d'autres contraintes.* C'est ce qui rendrait compte du changement de la poussée libidinale principale (certes toujours « motorisée » par le ressentiment) en direction d'une quête de pluralité. D'une pluralité de mondes de vie représentant la possibilité de modes d'existence différents, et par tant, substantiels.

Alors surgirait peut-être un problème - nouveau pour nous mais probablement récurrent à l'échelle de l'histoire longue-: est-ce que le passage du désir d'être libre (caractérisant une partie de notre histoire après un premier âge métaphorique) à celui, plus récent, d'exister *hors de la totalité,* ne s'accompagne pas d'un deuxième changement radical, portant sur la nature même de tout désir ?

Après la métamorphose d'une poussée *vers* la grandeur en ressentiment de ne pas être

---

[35] Rappelons ici qu'il ne s'agit pas du sujet « réel » de la situation de parole, mais d'un *personnage* moïque et social de sujet dans lequel chaque sujet réel est appelé à se fondre comme s'il ne pouvait parler que de cette place, que de ce statut militaire et chosifié.

reconnu *dans* cette grandeur, ne s'agirait-il pas, désormais, de *délaisser carrément la grandeur* pour trouver un monde *parmi d'autres (la planète devenant un « multimonde »)*, à la dimension « du Sujet réel », quitte à s'y lier par de nouveaux efforts et obligations ? Ne sort-on pas alors d'une libido du ressentiment catégoriel (de ce que Hegel appelait les « masses spirituelles », dans un pluriel s'opposant à *la* société civile), avec la problématique de la pluralisation de la totalité ? Et dans ce cas, quelle histoire nouvelle s'inaugure-t-elle ? L'énergie de toute notre aventure culturelle (à la fois cruelle, tragique, et parfois rédemptrice) s'y trouve-t-elle préservée, bien que sous une nouvelle forme ? Ou -de façon plus inquiétante- sous un nouveau potentiel de formes alternatives en guerre ouverte ? Voilà quelques-unes des questions que nous allons maintenant soulever.

Leur enjeu doit être suffisamment ressenti au fil du texte : car ou bien nous choisissons de créer les catégories -les corporations armées- qui nous conduiront immanquablement et rapidement au conflit monstrueux digne de l'époque mondialisée, consumée d'excès caloriques. Ou bien, au contraire, nous inventerons des assujettissements envers des collectifs conservant souverainement le moyen de dialoguer et de négocier *longtemps*, avant, bien sûr, de se rigidifier à nouveau (puisque la

destinée de la parole est de finir sa course en
discours de pierre.)

Chapitre III
La quête de pluralité comme sens actuel d'une histoire de la subjectivité

Il doit être clair que le propos de ce livre n'est pas de disserter sur l'histoire universelle (ou « globale ») entre Arnold Toynbee, Samuel Huntington ou Jared Diamond, entre Merritt Ruhlen pour l'origine des langues, Peter Brown pour l'antiquité tardive, Fernand Braudel pour la civilisation méditerranéenne, ou Eric Hobsbawm pour l'ère des empires européens, etc. Il s'agit ici de *l'histoire subjective,* c'est-à-dire de l'histoire de *l'énergie désirante* suscitée et transformée par la culture humaine.

Bien sûr, dira-t-on, c'est presque aussi vaste, et tellement entremêlé qu'on se demande où commence une simple histoire factuelle de l'espèce et où finit celle de la subjectivité[36], laquelle se divise elle-même entre celle des personnages subjectifs soutenus par les collectifs, et les Sujets réels, singuliers par décision et «s'indéterminant » mutuellement

---

[36] La religion, de l'antiquité au transhumanisme hystérique contemporain, appelle cela « l'esprit », mais c'est un reste d'animisme, et au pire, un culte infantile rendu au calcul binaire et au *feed-back.* La « subjectivité » (quoique dévorée par la philosophie, puis par la psychologie) est néanmoins plus proche de la réalité humaine, qui est avant tout « parlante », ce qui dépasse largement la somme des boîtes crâniennes et des « informations » qu'on suppose y circuler dans un foisonnement de neurones et de synapses.

dans tout acte performatif de parole. Comprendre ce qui les départage, c'est le but du chercheur.

L'évolution technologique, par exemple, ne nous intéresse *pas* directement pour ce qu'elle permet à l'humanité de réaliser un bond démographique –peut-être fatal- mais parce qu'elle « technicise » le fait culturel[37], parce qu'elle change la façon de métaphoriser, de comparer, et parce qu'elle donne à tous de nouveaux objets symboliques alimentant leur hâte de participer à la poussée vers l'Un ; parce qu'elle soutient les formes de « haine » et « d'amour » (son revers) qui ont fourni ensemble pendant un grand nombre de millénaires –et fournissent encore- son énergie à cette impulsion.

Cette histoire subjective, à la différence de l'histoire tout court, et généralement au grand dam des historiens, possède bien « un sens ». Fernand Braudel, ici, pousserait les hauts cris et il aurait raison… de son point de vue d'historien. Mais pour un théoricien de la culture humaine, et partant de ses traits

---

[37] Une psychanalyse « matérialiste » comme celle de Deleuze et Guattari pensait pouvoir y parvenir aussi avec le concept de « machines désirantes ». Il semble leur avoir échappé que le désir, dû au maintien de l'incertitude comme devoir, *détruit la mécanicité*, déjà mise à mal dans l'animalité, n'en déplaise à Descartes et La Mettrie. L'homme le mieux « augmenté » ne sera jamais un robot. Ou alors, il ne parlera plus validement.

constants aussi bien que de ses changements internes, il est impossible d'évacuer « le sens ». Celui-ci – comme l'a établi l'anthropologue Claude Lévi-Strauss (mais dans un registre formaliste qui n'est pas sans évoquer le « cérébralisme » d'un Chomsky[38]) se constitue et se maintient ensuite dans l'opération *rapprochant* au moins (et souvent au plus) deux idéalités. Ce « rapprochement » (ce que, rappelons-le encore une fois, veut dire « parabole », fait de parler) est chargé d'un sens important, voire vital pour les Humains, parce qu'en le réalisant, ils se permettent d'imaginer, de créer et d'établir des formes sociétales moins vulnérables.

Ce sens originel se continue ensuite sous l'effet d'une transformation de l'énergie *constituante* (désir d'être plus nombreux *ensemble)* en énergie *résistante* (désir d'être reconnus *dans* la totalité humaine). Le premier sens d'une histoire subjective longue devient

---

[38]Notamment, sa tendance à imputer la parole à une mutation dans le cerveau d'un de nos ancêtres, théorie dont la faiblesse est enfouie sous l'avalanche de détails subtils concernant la grammaticalité. *Faible,* parce qu'aucune mutation (probablement foisonnante de toute manière) n'aurait pu construire d'elle-même ce fait collectif qu'est l'échange d'engagements performatifs fondant la parole. Il est dommage que Chomsky, par ailleurs vétéran de la critique de l'arrogance américaine dans le monde, ait fondé sa notoriété scientifique sur un scientisme, au fond partagé avec de trop nombreux étatsuniens en proie aux spasmes de la religiosité technophile.

alors celui du passage entre deux formes d'énergie désirante : l'une *positive* ou mieux : consensuelle, l'autre *négative* ou mieux : passionnelle.

Il se trouve que, dans une perspective qui se découvre dans la mondialité contemporaine, le sens se modifie encore : à l'approche d'une totalité rêvée de tous temps, ce qui se présente est plutôt la métamorphose d'une énergie du *ressentiment* en énergie *conversationnelle*.

Mais cela surviendrait seulement à l'approche d'un moment de faille logique, de butée mutique sur le paradoxe autoréférentiel, lequel obligerait radicalement tous les participants -les Humains- à admettre que la position *autre* n'est pas seulement un obstacle, un inconvénient, un *bug* dans le système parfait, mais la preuve que nous ne pouvons pas contrôler *l'apeiron* (l'ouvert, l'indéterminé)[39] dans un seul discours, ou dans un ensemble parfaitement articulé par un métalangage, fut-celui, stupide, des ordinateurs vainqueurs au Go ou aux Echecs.[40]

---

[39]Rappelons que la nature de l'indéterminé n'est pas ontologique mais déontique : nous *ne devons pas* prédéterminer comme personnage, profil, identité, etc... celui avec qui nous sommes en train de parler, sans quoi sa parole n'acquiert pas de validité et la nôtre non plus. On pourrait, ceci étant acquis, s'interroger néanmoins sur ce qui, dans le réel, nous permet de nous en tenir à ce devoir d'indétermination mutuelle.

[40] Comme le dit l'un des papes du robotisme, Hans Moravec : « faire en sorte qu'un ordinateur ait le niveau

Cette métaphore conversationnelle n'est pas à prendre dans une bienveillance de premier degré, comme si, brusquement, l'Humain était appelé à « devenir bon », à entrer dans un paradis du débat civilisé et de la douceur intersubjective. Loin de nous cette conception suave, pourtant si haut portée par les média ![41]

Mais nous ne pouvons nous interdire de constater que si le désir, désormais, se tourne vers une *séparation* des objets, seule capable de rendre supportable une société-monde réalisée, alors il faut que soit limité l'agonisme potentiel entre les groupes s'affiliant autour de chacun de ces objets. Il faut que *ça pactise* un minimum entre des « tenant lieu » de Sujets réels, pour que chacun puisse exister dans sa spécificité reconnue de « personnage ». Il faut que des frontières soient relativement respectées, pour qu'on imagine les traverser *clandestinement*.

La théorie conversationnelle –qui n'est pas la théorie de *l'agir communicationnel* selon Habermas- a besoin de la reconnaissance de la

---

d'un adulte en matière de tests d'intelligence ou de jeux d'échec est comparativement beaucoup plus facile que lui conférer les capacités d'un enfant de un an en matière de perception ou de mobilité -Ce qui s'avère difficile, voire impossible. » (Cité dans « Mark O Connell, *Aventure chez les Transhumanistes,* L'échappée, 2018, p. 130

[41] Il s'agit ici du *média unique et universel* où tout se fond, et pas de l'auto-nomination d'une tentative pathétique au fond très locale. Laquelle pourrait sembler sympathique si, précisément, elle n'était pas fascinée par le totalisme auquel elle prétend s'opposer.

différence substantielle entre des façons collectives de vivre et leurs territorialités, bien que cette différence donne toujours lieu à un conflit au fond irréductible, puisque posant chacune de ces façons comme finalement incompatible avec les autres. C'est d'ailleurs précisément parce que les positions en jeu sont formellement inconciliables, impossibles à *métisser* (en désaccord avec les belles illusions d'un Edouard Glissant), et même éventuellement incapables de s'admettre réciproquement, qu'un pacte de conversation *minimal et temporaire, de tolérance à l'indéterminé,* doit être rétabli et protégé, dont le contenu est évidemment distinct du jeu spontané des dimensions elles-mêmes.

Il ne s'agit pas ici, entendons-nous bien, de gommer le contenu des différences pour se concentrer sur la *procédure* du débat — formalisée et entretenue par des maximes de bienséance, de sincérité ou de loyauté- mais de comprendre les contenus différents dans leur ouverture à l'impossible réduction, de telle façon que les règles de communication et d'échange en interdisent la destruction mutuelle frontale. C'est même parce qu'on aura considéré *en soi* le caractère éventuellement intraduisible, proprement « incommunicable » d'une positionnalité que l'on se rendra capable de poser les règles négociables les plus efficaces pour empêcher l'implosion finale d'un conflit général, projetant la barbarie sur le monde.

Cela peut sembler contre-intuitif, mais regardons attentivement le problème : si nous considérons *a priori* les positions comme fermées et tranchées, issues d'une logique pure et autoréférente, le caractère conflictuel ne peut être réduit que par la disparition d'un antagonique, absorbé dans le « majoritaire », ou encore exterminé par itération automatique. On peut aussi maintenir un conflit *moteur,* mais comment s'assurer qu'il ne dégénère pas, puisqu'on a défini les protagonistes comme logiquement incorrigibles et désirant chacun la victoire ou la mort ?

Etrangement, donc, mais réellement, le maintien d'une pluralité ne va pas sans déplacement constant des positions ! Et ce fait d'expérience sinon d'évidence est bien relevé par les mythologies : la plupart d'entre elles accordent une place essentielle au *trickster,* au *joker,* (au tricheur ou au joueur), à *l'outsider,* parce qu'ils permettent de sortir de situations inextricables impliquées par une règle repositionnant implacablement les protagonistes. On se souvient que dans la grande saga du Mahabharata, l'intrigue se noue autour de l'impos-sibilité pour un roi *de se dédire* d'une promesse de jeu. Pour « en sortir », et qu'une histoire puisse s'effectuer sans se réduire à un processus inéluctable de ruine, il est nécessaire qu'une ouverture se produise : elle ne sera qu'une représentation de cette « indéterminité » qui est en réalité structurale dans tout échange de paroles.

Or, ce qui a été longtemps vrai du mythe l'est désormais de la science. Pour qui veut se familiariser avec l'approche anthropologique la plus universalisante, celle qui, d'une certaine manière, accompagne et commente savamment depuis le XXe siècle la montée de l'Humanité vers son stade unitaire puis unicitaire[42], il est impossible d'ignorer un fait manifeste : la plupart des grands noms de la discipline n'ont pu éviter de *former des modèles de pluralité.*

Chose plus étonnante encore, ces modèles sont presque toujours des modèles tétralogiques, des matrices à deux dimensions croisées. Pourquoi ? Nous ne pouvons éviter d'en explorer ici le trésor, sans quitter de vue notre objectif : comprendre comment la pluralité et l'univer-salité s'appellent pour ainsi dire réciproquement, notamment en perspective de notre « planétitude » en formation avancée.

Pour ce faire, posons bien en évidence sur notre plan de travail le cadre d'interprétation des modèles de pluralité *positionnels* qui ont fasciné les grands anthropologues et ont souvent accaparé une bonne partie de leur vie. Ce cadre, c'est celui-ci :

---

[42] Donc unaire : sans comparaison possible.

-Les matrices à deux dimensions croisées sont privilégiées par les anthropologues de l'universalité, parce qu'elles renvoient simplement à la tendance humaine à produire des « métaphores principales », qui sont toujours d'abord des comparaisons frontales, *et donc des dualismes.*

-La tendance à la *tétralogie* résulte simplement du fait que lorsque vous opposez deux principes, ils peuvent toujours *s'affronter* préférentiellement *dans un sens ou dans l'autre.* On pourrait dire : en attaque et en défense.

Si l'on prend en compte le *style* de l'affrontement, ce qu'on pourrait appeler sa modération, sa médiation par l'autre, il y en a donc toujours au moins deux, ce qui, symbolisé par un tableau, donne au moins quatre polarités, quatre « positionnalités » de référence majeure : *deux principes et deux médiations.*

Ce que nous nous proposons ici de montrer, c'est que les grands schémas matriciels utilisés comme outils principaux de compréhension de l'Homme par les anthropologues universalistes (ceux qui ne se sont pas laissés séduire par l'académisme autoréducteur à des « terrains » ethnologiques microscopiques), sont *tous* des tentatives d'approcher le « mystère des mystères » humains ; à savoir : le secret d'une déformation systématique du jeu anthropique tendu vers l'Un, *de telle façon que cet Un ne survienne...* jamais ! Ceci parce que nous sommes avertis -en voulant l'ignorer à tout prix- qu'une telle épiphanie reviendrait à nous paralyser de terreur dans l'impossible. En gros : dès que la destinée de la métaphore orchestrale parvient à évacuer tous les obstacles au rassemblement ultime, nous tendons à retourner au moment béni d'une confrontation au moins duelle, et partant, toujours déjà tétralogique (en tenant compte de la dimension des médiations), laquelle est la meilleure fiction possible s'opposant à la révélation non refoulable de l'autoréférence absolue, et de sa folie sans limite.

Bien comprendre ce mécanisme de « retour au pluriel » (de *techouva*, dirait la Cabbale) est évidemment essentiel pour notre propos : doit-on attendre qu'il se manifeste à nouveau en « régime mondialitaire » et comment ?[43]

Pour répondre, nous allons tenter cette fois une expérience de montage « photographique » consistant à superposer un certain nombre de modèles tétralogiques, un peu comme, pour imaginer à quoi ressemble le visage humain « en général », certains artistes ont superposé en transparence celui de milliers de personnes photographiées dans le métro. Qu'on se rassure, nous n'irons pas jusqu'à ces grands nombres.

---

[43] Notons au passage que, depuis la rédaction de ce passage en 2015 (dans la première édition), on observe de nets retours à la conflictualité symbolique en géopolitique. Pour un peu, nous y verrions la confirmation de notre thèse dans l'actualité.

Comparer les structures d'une dizaine de schémas *essentiels* peut déjà donner des indications intéressantes, en particulier sur les opérations à pratiquer pour que les quadripodes puissent se superposer logiquement. Nous partons en effet d'une hypothèse cohérente avec notre cadre de référence : tous les schémas anthropologiques ayant ambition de représenter la pluralité des grandes dimensions humaines sont traductibles les uns dans les autres, car ils ne font que refléter, plus ou moins consciemment, la « métaphore essentielle » dont nous avons établi à tout le moins la plausibilité comme constante culturelle à travers notre histoire.[44]

Le lecteur attentif aura, en cette occasion, reconnu l'ambition propre du présent travail : prétendre atteindre enfin les signifiants *définitifs* de cette métaphore ; ou au moins ceux qui sont le plus substantiels et les plus fondamentaux, les plus constants dans l'histoire culturelle. Assumons cette ambition « canonique », qui, après tout, est celle de tout anthropologue se

---

[44] On pourrait encore l'exprimer ainsi : « le grand groupe atteint par la parole la même solidarité que le petit par le sentiment spontané. » Ou encore : « la parole est au grand groupe ce que le sentiment spontané est au petit. » Cela marche encore, mais moins bien, quand les petits groupes sont traversés et structurés par les symboles représentant la solidarité dans les grands… Ce qui est le cas « normal », puisque la quasi-totalité des petits groupes sont fixés comme « parties » des plus grands…

respectant encore, une fois sorti de sa tribu favorite.

Traduire les modèles de pluralité les uns dans les autres ne signifie pas pour autant que l'on va finalement tous les figer dans *la même figure* : ce serait nier nous-même le principe de pluralité ! Nous pourrons, au contraire, constater qu'ils viennent préférentiellement se loger dans un mode d'interprétation de la pluralité : *il existe une pluralité de visions de la pluralité !*

Néanmoins celle-ci est aussi structurée et limitée que… la pluralité fondamentale. En ce sens, les anthropologues n'échappent pas à la divergence de leurs opinions, pas plus en tout cas que les gens qu'ils étudient. Ils sont acteurs, témoins et symptômes de la pluralité dans leurs efforts mêmes de la fixer objectivement, et bien sûr, l'auteur de ces lignes ne s'évade pas non plus de cette contrainte, bien que se plaçant à un tour différent du même circuit.

Il existe, en gros, quatre façons « passionnées » pour les anthropologues d'appréhender la métaphore culturelle centrale de toute culture, et en même temps de juger de sa *pluralisation* au cours des conversations ou des évolutions mythologiques. On peut ainsi préférer que tout se passe *en un même lieu soit psychique(1), soit matériel(2).* Ou bien au contraire, se laisser séduire par la *séparation,*

qu'elle soit plutôt mentale (3) ou plutôt
« affective » (4).

Il n'est pas injuste de situer Marcel Mauss et
surtout son admirateur Alain Caillé au pôle (1)
où l'on considère indispensable l'intervention
du *Sujet du don,* c'est-à-dire la présence d'une
totalité *intérieure,* nécessaire intermédiaire
quasi-métaphysique dans les circuits de
l'activité sociale. Car qui dit « don », dit
obligatoirement, *Sujet suffisamment
indépendant* pour faire barrage par sa
souveraineté propre aux échanges automatiques,
ou à tout le moins, freiner tout fonctionnement
sociétal machinal envahissant. Inversement, le
Sujet devient alors un segment « amortisseur »
dans un système. Il est chosifié de cette façon.

Certes, à partir de la conviction de la
nécessité d'un Sujet-maître au cœur de tout
dispositif, il y a, pour ces auteurs (et bien
d'autres), une reconnaissance de la pluralité.
Mais celle-ci tend à n'être *que la projection de
l'intériorité forcée du sujet.* Ce n'est pas un
hasard si Alain Caillé, dans sa présentation des
catégories de Mauss, se réfère aux quatre buts
de la vie (purusharthas) pour l'hindouisme et le
bouddhisme : Le Kama : le plaisir (ou l'amour),
L'Arthà : la possession matérielle. Le Dharma :
la loi (cosmique). Et la Moksha : la libération
dans la mort[45]. Caillé les réintègre *ensuite* dans

----

[45] On retrouve des polarités similaires mais
« démétaphysiquées » chez le sympathique matérialiste

les formes sociales prises en compte par Mauss : la possession comme individuation et rivalité, source de guerre et de mort ; l'amour et la loi protégeant l'alliance et la paix. Pour les partisans de ce point de vue, il existe certes un *enchevêtrement* de pulsions premières, mais au fond, c'est bien un Sujet souverain -ce *paradoxe pur* incarnant l'Humain symbolisant- qui les assemble *en lui-même,* avant d'en partager l'expérience, fut-ce par un échange très réglé. C'est bien le *Sujet du Don,* que Mauss attribue notamment à la circulation des *biens symboliques* dans le système étudié par Malinowski chez les « Argonautes du Pacifique ».

Or, il suffit de revenir au texte légendaire de ce dernier pour constater que son choix épistémologique n'est pas celui que lui attribue Mauss. Malinowski relève en effet plutôt d'un empirisme particulariste, affiché comme tel, et dont le meilleur éloge revient peut-être à Clifford Geertz, au travers de ses idées « d'épaisseur » ou de « flou » d'une société

---

révolutionnaire impavide, Alain Badiou, dans son séminaire de 1990-91 sur les instances de la vérité philosophique : l'amour (rencontre du Deux plutôt que plaisir), la science (le Dharma ?), la politique (gestion de l'Artha ?), et l'art (la Moksha sur son versant religieux ?).

J'ai moi-même produit plusieurs tétragrammes, dont le plus persistant se veut rencontre substantielle et réelle des forces collectives primaires : (Sociétal / Familier) et des médiations (Identité / Règle).

particulière, ou encore d'*anthropologie pluraliste*, c'est-à-dire non structuralisée.

Voila donc notre deuxième pôle (noté 2) : après celui du *Sujet-trop souverain du Don*, celui *de l'objet particulier*. Observons néanmoins que l'objet particulier fait fond sur une totalité naturelle tissée d'innombrables occurrences particulières quand ce n'est pas de singularités indéchiffrables. Autrement dit, l'option « Sujet » et l'option « objet » ne s'opposent pas dans le registre d'une universalité *homogène*, qui est bien soit celle de « l'esprit », soit celle du « réel ».

Mais qu'en est-il des deux autres polarités annoncées ?

Nous pouvons en esquisser les positions à partir des deux premières : elles leur seraient *intermédiaires*. Qu'en est-il donc de médiations entre Sujet (Souverain) et objet (particulier) ? Au plus simple, il s'agira d'une « ambassade » de l'objet vers le Sujet (3), et inversement, d'une autre, orientée du Sujet vers l'objet (4).

Si nous considérons plutôt la façon dont une volonté s'objective, passe dans le fait social et finit par être incarnée par lui, nous rencontrons immédiatement toute la filiation de la pensée durkheimienne. Trois auteurs s'imposent ici, dont les conceptions de la pluralité sont assez parentes pour que la traduction ne les trahisse pas trop : il s'agit, après Durkheim, de Mary Douglas et de Philippe Descola. Pour avoir fondé l'école où enseignait ce dernier, Claude Lévi-Strauss occupe une place légèrement décalée dans ce *phylum*, parce que ce qui l'intéresse *n'est pas la constance d'une pluralité,* mais la façon, au contraire, dont une entité sociétale se maintient semblable à elle-même -et à un cristal-, en usant de toutes les transformations possibles entre ses traits culturels.

Ici, Lévi-Strauss sort paradoxalement de sa propre intention, puisqu'à réfléchir sur la manière dont le synchronique perdure au travers du diachronique... il produit une théorie de ce dernier. C'est d'ailleurs une théorie qui est assez proche (bien que plus complexe) dans sa méthode de celle que nous avons explorée ici à propos de *la reconduction de l'énergie du désir au travers de motifs alternants* (amour de l'unité, haine de l'altérité, ou inversement).

Pour ce qui est de Durkheim, Douglas et Descola, (les trois D, le Duclos n'étant pas encore près d'être côté !), un petit décryptage est nécessaire pour un lecteur pas nécessairement familier : le premier ouvre la voie avec quatre types de suicides (anomique, altruiste, égoïste et fataliste) qui sont pour lui symptômes de quatre grandes façons d'être dans la vie sociale. Les suicides anomique et fataliste sont essentiellement respectivement les effets d'un manque et d'un excès de société (Mary Douglas dira : de *groupe)*. Quant à l'opposition *égoïsme / altruisme*, elle dépend d'une variation dans le positionnement *à l'intérieur* d'une société donnée (Mary Douglas dira : « grille», « structure », ou « hiérarchie »).

Dans les conceptions de cette lignée, notons que l'on s'intéresse surtout à la façon dons l'institution se pense et *produit* du même coup des Sujets, qui ne sont donc plus centraux pour le fonctionnement de la métaphore principale, mais qui la reflètent –pris collectivement- dans leurs choix positionnels obligatoires. Il y a là, du point de vue de ces auteurs, un attachement à la question de la norme, de la règle dont le paramétrage va littéralement créer le type de société, et aussi le type de Sujet. Pour eux, la pluralité est essentiellement l'effet d'un réglage entre totalité et *particularité.*

C'est à partir de ces derniers concepts que la position de Philippe Descola peut s'expliciter : en étudiant toutes les possibilités de relations intellectuelles à la nature, cet anthropologue finit par nous proposer quatre façons humaines… de définir les oiseaux. Ces façons sont extraites de contextes ethniques extrêmement différents, et ne se croisent pas dans une *vraie* conversation géo-historique, mais elles sont comme des pointes émergées de l'histoire et de la diversité culturelles : il ne tiendrait qu'à nous de les faire se rencontrer dans un débat conscient et politique, surtout au stade mondialitaire.

Or les quatre grandes positions que Descola dégage en leur assignant des emblèmes aviaires se rassemblent d'elles-mêmes en deux couples, *l'un fasciné par la totalité, le second par la particularité.*

Ainsi, les *naturalistes* (des modernes rassemblés derrière le perroquet-machine de Descartes) ont-ils en commun avec les *animistes* (intéressés à la maîtrise spirituelle à distance du vol et de la vision d'un faucon) de croire, en toute confiance, dans une *totalité* : celle du monde naturel, *ou* celle de l'esprit. A l'inverse les *analogistes* (anciens Australiens observant la division des oiseaux en classes agressives ou pacifiques) et les *totémistes* (intéressés à apparenter *certains* toucans *et certains* hommes) sont-ils passionnés par le mode de division, de séparation, bref *par l'opérateur de comparaison*). Bien entendu, Descola lui-même n'échappe pas à son modèle : bien que moderne, il nous présente un système divisé, assez proche dans l'implicite de celui de Mary Douglas. Comme elle, il appelle à un *respect* des modes d'existence sachant reconnaître l'altérité en eux-mêmes (comme celui des Australiens ou des Jivaros), tout en indiquant qu'il nous faudrait modérer nos tendances « totalisantes », qu'elles soient naturalistes ou animistes.

Comme notre propos se situe précisément dans l'interrogation sur la pluralité

« nécessaire » en régime d'humanité planétaire, nous sommes évidemment convoqués par cette position plus que par d'autres. Disons d'emblée, avant d'y revenir au terme de notre exploration des quatre positionnalités, que celle-ci prend le risque d'un moralisme, et aussi d'une mortification dans *l'ennui d'une recherche d'équilibre* et des critères de sa mesure et de son « respect ».

Nous sommes aussi fixés dans une orientation fascinée par la compilation, la vérification, l'érudition, bref, dans ce qu'un fameux étranger à l'anthropologie, Jacques Lacan, appela « le discours de l'universitaire », censé proposer indéfiniment le comblement impossible d'un manque ou la sédation d'une angoisse par un *savoir*.

Non que le discours maussien du Don n'y soit pas aussi... Sujet, mais néanmoins, on le remarque, il demeure dans un quartier un peu plus éloigné des dispositifs les plus légitimes et les plus mobilisateurs. L'affirmation du Sujet-maître, plus proche de la politique (telle qu'elle intéresse d'ailleurs aussi bien Marcel Mauss que son émule Alain Caillé), connaît quelques frictions avec le pur académisme qui se noie avec délice dans la multiplication des spécialités pulvérulentes.

Pour en finir, donc, citons au pôle 4 restant, des auteurs qui présentent des comportements de *fuite* ou d'évitement par rapport aux trois secteurs évoqués précédemment. Ils sont justement caractérisés par une envie de métissage avec d'autres approches, quand ils ne proposent pas leur propre interprétation de l'anthro-pologie, par exemple à partir de la psychanalyse. On sait que Lacan, sur ce point, ne fut pas moins intéressé que Freud à « mordre le trait » qui sépare les champs disciplinaires, même si, à tout prendre, le fondateur de la psychanalyse fut plus audacieux, et par tant, plus contestable.

On ne peut éviter, non plus, de citer Jung, précisément parce qu'il fut celui qui, abandonnant carrément la route du scientisme de bon ton, opéra une jonction avec la mystique et les formes artistiques associées. Certains chercheurs comme Michel Boccara ou Bertrand Méheust suivent aujourd'hui ce fil fragile où est mise en cause *la limite de la scientificité*. La « mauvaise réputation », (dispensée par le consortium académisant des trois autres positionnalités) les suit comme une ombre, parfois aggravée par tel ou tel scandale sorbonnard.

Dans ce secteur « flirtant avec l'irrationnel » diront certains, y rejetant aussi bien la psychanalyse que « les autres charlatanismes », la pluralité apparaît aussi à sa façon : c'est le règne du symptôme, c'est-à-dire quelque chose d'incer-tain et de significatif à la fois, de « chargé de sens » sans qu'on sache très bien de quoi il s'agit. On est évidemment proches, ici, des difficultés du totémisme, dont Philippe Descola rappelle qu'il ne sait jamais très bien si tel ou tel phénomène relève d'un homme, d'un esprit parent ou d'une animalité étrangère. Bien entendu, c'est cette difficulté même qui fait tout le plaisir de cette position « suspecte », et justifie probablement un attachement tout aussi acharné des auteurs qui s'y vouent.

Chaque grand auteur montre donc -qu'il le sache ou non, qu'il le veuille ou non- une appétence particulière pour l'un de ces quatre types de position, et, en contrepartie, témoigne d'un certain rejet envers d'autres. Ce faisant, il fait exactement ce que chaque personne pratique dans la vie quotidienne, à partir d'une orientation plus ou moins soutenue de son engagement subjectif : s'adosser à *une catégorie de personnage*, un type de « moi » social. La seule différence est que, faisant le choix d'une position à l'intérieur d'un registre sophistiqué de savoir, il s'oblige lui-même à reconnaître les autres suffisamment « objectivement » pour qu'on admette, dans la communauté universitaire, qu'il a produit œuvre utile pour tout le monde.

Encore que ceci n'exclut pas la polémique ou le jugement péremptoire. Clifford Geertz, par exemple, évalue très sévèrement « l'univer- salisme abstrait », ou la « machine infernale à faire de la culture » de Lévi-Strauss, lequel, après avoir admiré la psychanalyse, adresse à cette dernière des critiques impitoyables.

J'ai personnellement entendu Mary Douglas (pourtant d'une exquise urbanité) lancer d'acerbes et ironiques remarques à propos de collègues fort savants, et marquer fortement son désaccord sur d'autres découpages culturels (comme ceux que proposait Louis Dumont pour différencier sociétés hiérarchiques et égalitaires). La défiance d'Alain Caillé à propos des déterminismes économiques (qu'il voyait impliqués par telle « sociologie des intérêts ») est manifeste. La méfiance de tous les auteurs positionnés hors du quadrant « jungien » pour tout ce qui inspire une proximité d'âme avec « l'irrationnel » est patente, et pas seulement de la part de psychanalystes voulant rassurer sur leur participation au « projet scientifique » freudien.

Mais au fond, qu'est-ce que tout cela prouve, sinon que les « preneurs de positions » (autrement dit les *personnages subjectifs*) sont logiques avec eux-mêmes ? Cela démontre aussi autre chose : que nous ne faisons pas ce que nous voulons quand nous soutenons des énoncés de pensée. Dès que nous entrons dans un certain canal propositionnel, nous sommes entraînés à concevoir le monde sous un certain angle, dans certaines dispositions intellectuelles et affectives. Nous sommes saisis entièrement comme *Sujets* (auteurs) *de* nos propos, mais *donc sujets* (soumis) *à* leurs effets sur nous.

La pluralité que nous reconnaissons, au mieux par politesse, n'est jamais que *notre* conception de la pluralité et de la conversation idéale qui nous semblerait possible à partir de notre point de vue sur elle.

Or cela ne se passe pas ainsi, ni dans la vie quotidienne, « cet enfer » induit par la pluralité réelle –celle évoquée par Hannah Arendt et simplement constituée du fait que les hommes sont nombreux et se renouvellent constamment- que dans la vie intellectuelle, en apparence pacifiée par les règles de bonne conduite académique. Ce qui se passe ressemble plutôt à ceci : chaque position, lorsqu'elle en rencontre une autre, *se sent niée par elle* et paradoxalement d'autant plus que cette dernière est proche de la première, similaire en « presque » tout. Si, par hasard, la similarité devient identité, c'est alors une rage paranoïaque furieuse qui se déclenche, visant la suppression du « double ». Bien sûr, quand les oppositions et les différences sont importantes, il y a aussi malaise, puis raidissement, alternance de tentatives de conviction, de séduction, de refus, de récusations, de manifestations de colère, d'actes de guerre plus ou moins ouverte, avant que les protagonistes ne reviennent à de la négociation contrainte.

Nous sommes immergés dans un procès sans autre clôture possible que du fait d'une *réalité extérieure* portée par un arbitrage étranger. Et moins le jugement extérieur devient possible, plus la bataille intérieure devient infernale. Du même coup, nous voyons apparaître la vérité subjective du débat avec encore plus de force incontournable : chaque positionnalité laisse transparaître son aspect étrange ou fou, à tout le moins travaillé dans son côté psychique.

Prenons d'abord la positionnalité que nous avons étiquetée celle du « Sujet-Souverain ». Projetée sur le seul terrain d'une anthropologie de bon ton, elle peut très bien donner lieu à des échanges riches, fructueux, amicaux. Mais si on la ramène à la conviction sans appel qu'il « faut » du Sujet-auteur dans tout système d'échanges, sans quoi nous risquons de sombrer dans une mécanicité affreuse, nous sommes proches d'une rupture[46]. Il suffit alors que notre conviction intérieure l'emporte pour métamorphoser notre relativisme poli en stratégie défensive et agressive, alimentée par ce qu'il faut bien nommer, en nous appuyant sur la clinique psychiatrique, *une tendance « paranoïaque »*.

----

[46] Mais cette rupture n'est pas celle de « l'événement » cher à Alain Badiou, où l'on reconnaît d'ailleurs le « signifiant zéro » cher à Jakobson, Lévi-Strauss et Lacan, mais plutôt le déchaînement hors de la parole par la furie obsidionale, cette éminente factrice de guerre totale.

Celle-ci en effet, n'est rien d'autre, dans toutes ses variantes, qu'une *certitude* à propos de la présence, quelque part, d'un pur Sujet, auteur d'une intention efficace envers autrui. Ce pur Sujet, c'est bien sûr « moi-même », mais, son intention étant supposée agressive, je vais secréter une culpabilité et tenter de me débarrasser de celle-ci en l'attribuant à l'autre : « ce n'est pas moi, c'est lui ». C'est ainsi que le personnage persécuteur -mais aussi seul garant d'une authentique subjectivité supposée- se concrétise peu à peu, par exemple en prenant la figure du père ou du médecin.

Mais Freud ne réduit jamais cette posture à la seule clinique des « fous ». Il en parle ouvertement à propos de la position prise par un peuple entier à l'égard d'un autre, dans des circonstances pouvant aboutir à des guerres.

Pour revenir à la position tenue dans l'anthropologie par ceux qui se réclament du « Sujet du don », il est clair qu'il n'apparaît pas là de trace sensible d'orientation paranoïaque. Il s'agit en effet d'un milieu très civilisé, hautement cultivé, où la reconnaissance du Sujet-auteur « pur » (décisionnaire du don) est médiatisée par des considérations diverses et variées quant à ses déterminations sociales, politiques, religieuses, etc. Nous demeurons bien dans le cadre anthropologique et des déterminismes sociaux qu'il rencontre.

Reste cependant un soupçon : c'est le seul groupe qui admet que « l'agonisme » (la rivalité) possède un certain degré de légitimité.

De petits indices convergent dans le même sens, ne serait-ce que dans la personnalité des intellectuels attirés dans son orbe, de sorte que doivent être dépensés des trésors de diplomatie pour démontrer qu'il ne s'agit pas d'une anthropologie « de droite », qu'il n'existe aucun lien entre le Don et le Club de l'Horloge, etc. Ultimement, lorsque ce milieu s'engage autour d'un « manifeste de la convivialité », la référence à l'agonisme est littéralement verrouillée pour qu'aucun signe ne transparaisse de « valeurs machistes », voire sexistes (comme la défense incongrue du droit à l'excision dans un système de valeurs différent). Il en reste, après plusieurs phases de « nettoyage », un discours assez fade, étiolé, bisounours, où le mot « convivial » est appelé à *adoucir* toutes les institutions possibles, de l'Ehpad[47] à l'Usine. On a l'impression d'une *sédation* généralisée.

Nous insistons sur ce point non pour ajouter à la suspicion, mais, bien au contraire pour montrer qu'une positionnalité comme celle-là ne gagne sa place dans la conversation qu'au prix d'un vigoureux gommage de tout

---

[47] L'idée même qu'il puisse exister un ehpad convivial indique le peu d'expérience réfléchie de celui qui l'énonce. Cette critique vaut pour la plupart des institutions de la société-monde, même si certains de leurs agents font des efforts méritoires.

symptôme apparent. On peut se demander, après coup, si ce qui reste dans la discussion licite n'est pas à la fois une guérison et une castration.

Il est aussi possible de rapporter à une catégorie psychique l'alternative frontalement opposée à cette position. Ce que nous avons appelé *l'objet particulier* et qui fascine tant un chercheur comme Clifford Geertz correspond en effet, dans le registre pathologique singulier, à ce que porte la psychose souvent encore dite *schizophrénique*. Cela nous est suggéré par la remarque de Freud sur un fait qu'il avait constaté : à savoir que les psychotiques lui semblaient traiter des idées « comme des choses ». Encore faut-il comprendre que la *choséité* de l'idée ne prend un caractère pathologique que parce qu'elle est ici négation –véhémente, incoercible- du fait que la chose a aussi droit au statut d'idée ! Car ce que ledit psychotique semble ne pas pouvoir supporter, c'est justement d'oser contrarier le tenant de la *vérité totale* en lui renvoyant que son propre petit monde, tout matériel, naturel et animal qu'il soit, vaut bien le grand système de représentation où le pouvoir prétend le situer. En ce sens, une symbolisation écrasante (celle du Sujet souverain) fait couple avec ce qui reste d'un signifié écrasé : *une chose*.

Bien entendu, nous n'avons aucune intention de traiter Geertz de schizophrène, ce qui serait absurde et déplacé. Mais, comme pour la position ultra-subjectiviste, une position ultra-objective dans le champ anthropologique possède bien son *répondant* chez la personne prise isolément, hors d'un contexte de professionnalisation du discours. Et pour cette personne, tenter de percevoir le monde *comme s'il était sans lois régulatrices*, et surtout sans Sujet doué *d'intention prise dans les positionnalités possibles,* cela revient à construire – voire à se construire elle-même – comme un objet obéissant à sa propre élaboration, subissant sa propre genèse à partir d'une singularité purement locale. Il s'agit bien d'une idée, mais dont le contenu serait qu'elle émergerait du réel lui-même (comme dirait Clément Rosset qui en a raconté l'expérience vécue). Notons que dans un cas comme dans l'autre, dans celui du Sujet forcé à la présence défensive, comme dans celui du refus de toute responsabilité subjective, *ce qui est évité dans une angoisse crucifiante, c'est l'indétermination d'autrui et de soi comme devoir.*

Il est enfin possible, et presque plus aisé, de trouver les concepts cliniques fondant les positions médiatrices, *ambassadrices* que nous avons retrouvées dans le champ anthropologique du côté de la *règle* d'une part, et du *sens* (ou de l'identité) de l'autre. Là encore, pas question de « pathologiser » la série des anthropologues « durkheimiens » (comme Douglas et Descola), mais il est clair que ces chercheurs privilégiant *une norme de partage* du monde social nous rappellent sur le mode savant ce que pratique le névrosé obsessionnel dans le registre clinique. A savoir : *un rangement des différences comme mode de compromis entre elles.*

De même, comment nommer le registre clinique qui rappelle le théâtre des dévoilements et des voilements du sens animé *pour* nous *par* des anthropologues un peu gourous, qui mettent souvent en scène des narrations chamaniques dont le paradigme le plus magnifique est certainement le « livre rouge » calligraphié et peint par un Karl Jung en état de transe ? Comment, sinon par le beau titre « d'hystérie », que Charcot lui-même –dans l'intimité la plus discrète et loin de ses tableaux officiels- disait ne pouvoir guérir que *par des passes chamaniques* ?

Nous n'irons pas plus loin dans cette généreuse distribution de valeurs psychopathologiques à chacune de nos positions anthropologiques. Il nous faut néanmoins insister : une histoire subjective ne peut se passer de considérer l'effet de la métaphore –de l'acte de culture- sur chaque individu comme sur chaque culture.

Or jusqu'ici et dans notre construction culturelle occidentale, cet effet n'est reconnu que dans son excès pathologique. C'est seulement dans la clinique du Sujet (comme *sub*jet et *Sur*jet) que l'on peut dès lors trouver reconnaissance de cet effet, même s'il n'est ni admis comme tel (lui préférant généralement une causalité mentale), ni observé dans le retour qu'il implique dans les formes sociales de sub/surjectivité[48].

Précisons tout de même *qu'il ne s'agit pas pour nous de fonder l'anthropologie sur la psychologie*. Il n'y a pas de catégorisation de la pluralité qui se situe entièrement dans ce domaine ni d'ailleurs dans un autre : il s'agit plutôt d'une « ronde » de modèles matriciels qui s'impliquent les uns les autres sans qu'il soit intéressant de marquer un paradigme premier ou encore un métalangage.

Pour ce qui concerne la quadrature entre paranoïa (Sujet pur), schize (objet pur), obsession (règle de rangement entre objet et Sujet) et hystérie (théâtre des changements du sens entre Sujets)[49], nous pouvons l'appuyer,

---

[48] Comme toujours en contexte de pensée active, nous sommes confrontés à la nécessité du néologisme : il n'y a aucune raison pour que « Sujet » -qui a aujourd'hui, et grâce à la psychanalyse, dépassé le statut d'objet soumis (centrant la kyrielle de ses premières significations)- se rapporte seulement à *subjectum,* alors que nous y entendons plutôt désormais « *Superjectum* ».

[49] Nous n'incluons pas dans ce modèle les « perversions » qui sont toutes des fascinations par une *partie* d'objet, tenue pour *trace réelle* d'un Sujet perdu. Ces métonymies (parties prises pour le tout, le tout

comme en transparence, sur un modèle plus social des positions essentielles, sans le déformer de façon notable, sauf qu'il n'apparaîtra plus nécessairement « pathologique »[50] Ce qui est d'ailleurs problématique en soi, car on peut se demander si le « pathos » est seulement apporté par la prise en charge individuelle excessive d'une positionnalité, ou s'il n'est pas déjà en partie présent dans le seul fait de la division structurale tranchée des signifiants possibles.

Notre modèle sous-jacent (mais sûrement pas *de base*) de ces positionnalités serait ici d'abord

---

seulement pris en compte comme objet particulier) sont des moments importants du cycle de la parole.

Mais logiquement, elles représentent une fétichisation, une fixation. Dans le diagramme des deux dimensions fondamentales, le centre le plus ponctuel, caractérisé par la négation - ni Sujet, ni objet, ni rencontre ni loi- serait la forme la plus « exacte » de perversion, laquelle n'existe probablement pas en réalité. Bien qu'un peu plus « floues » quand on s'éloigne du croisement central, les perversions « persillent » littéralement le champ culturel en tant que fascinations quasi-ponctuelles. On peut même soutenir que *toutes* les positions, dans la mesure même où elles sont des jouissances d'une certaine fixation, sont des perversions ou des quasi-perversions. C'est justement parce qu'elles constituent le « grain » de cette représentation de la culture que nous pouvons nous exempter de les situer, un peu comme nous pouvons négliger la texture du papier d'une photo. Une autre façon de le dire est plus brutale : *nous sommes tous des pervers,* même si nos « objets » nous fascinent plus ou moins, parfois au point de nous immobiliser pour la vie.

[50]Jared Diamond cite beaucoup d'exemples de « paranoïa constructive » qui permettent la survie de groupes traditionnels.

l'opposition entre la totalité sociétale et le familier comme autre totalité. Elle serait ensuite médiatisée par une remontée du Familier vers le Sociétal, que nous pourrions nommer « registre du culturel » (où la conviction d'un sens est préférée comme méthode à l'obligation d'une loi), et par une descente[51] du Sociétal vers le Familier que nous nommerions « domaine de la Règle » (où c'est la norme qui s'impose par la loi et son calcul).

Notons que, dans cette variante de la scène de pluralité élémentaire (Sociétal / Familier, Culture / Règle), la totalité sociétale, littéralement panoptique, est proche de son effet sur l'individu comme « Sujet de la paranoïa » : une volonté pure s'exerçant sur soi-même comme sur tous les autres. Quant à la totalité du Familier, elle fonctionne très différemment, non pas comme un *regard de contrôle,* mais plutôt comme un *ça* freudien, un état composite où le *Moi* ne se distingue pas clairement, mais qui est bien une localisation dans le monde, chose littéralement tissée d'affects et d'instincts.

Symboliser cet aspect est difficile, probablement plus encore que lorsque la « Métaphore primitive » a dû se charger de

---

[51] *Montée* et *descente* sont des orientations conventionnelles arbitraires. Mais nous sommes habitués à ce que le pouvoir totalisant s'attribue une place éminente, surplombante, tandis que la particularité se verra jetée au milieu de la foule qui regarde au dessus d'elle le balcon princier ou papal.

désigner l'entité maternelle comme « référente » de la totalité sociétale à construire (référé). C'est sans doute cette difficulté qui produit le recours au délire comme processus de guérison. Nous y retrouvons peut-être aussi quelque chose de l'hallucination première, nécessaire pour engager le mécanisme de métaphorisation régulière (de comparaison) entre le petit et le grand groupe.

Et pour traiter du « choix du Culturel » (du sens ou de l'identité) et de son opposé sur la ligne des médiations, le « Choix de la Norme » (ou de la Règle), en tenant compte du fait qu'ils s'interpénètrent la plupart du temps, nous ne pouvons pas ne pas constater que le premier rappelle par sa mise en scène la théâtralisation (et son « trop en faire ») caractérisant l'hystérie, tandis que le second fonde partout cette « banalisation du mal » comme celle du bien caractérisant les immenses technobureaucraties salariées du monde contemporain.

Faut-il à notre tour choisir entre la facette psychopathologique individuelle de la positionnalité, et son aspect plus fonctionnel dans la société ? Non, probablement : c'est inutile et appauvrissant, puisqu'au contraire, c'est bien en discernant les caractéristiques d'un *calque* (un *menu* cohérent de concepts de pluralité) au travers d'un autre, qu'on peut saisir davantage de traits et les faire vivre avec plus de réalisme, à condition de ne pas oublier quel est leur registre de validité propre.

Ayant admis cela, il nous est désormais loisible de circuler transversalement à plusieurs calques représentant chacun une interprétation de la pluralité et du même coup l'un des domaines de validation possibles de celle-ci.

Nous pourrions alors poser une question comme celle-ci : quelle pourrait être la signification d'un ensemble de positions réunies à partir d'une extraction visant des points similaires en termes de coordonnées cartésiennes identiques sur plusieurs *calques de même format* collés l'un contre l'autre ?

Donnons des exemples : soit un point nommé *obsession* placé sur la calque de la « pluralité psychopathologique », correspondant aux mêmes coordonnées à un point nommé *règle* sur le calque de la « pluralité sociale générale », quels autres points peuvent être rassemblés *sur les mêmes coordonnées,* mais cette fois sur un calque « pluralité des rapports à la nature », ou encore sur un calque « pluralité des relations groupe/-structure, ou enfin sur un calque « pluralité des buts de la vie »… ?

Eh bien, il semble que l'opération de *traversée* de l'épaisseur des différents calques accolés, donnerait quelque chose d'intéressant : l'obsession ou la règle peuvent en effet être assez étroitement associés avec le suicide égoïste (selon Durkheim), avec l'analogisme (selon Descola), avec la hiérarchie (selon Douglas), avec l'obligation (dans la théorie du don de Mauss) ou encore avec le *Dharma* (la loi universelle) dans la théorie brahmanique des buts de l'Homme, etc.

Le lecteur pointilleux pourrait critiquer là un bric-à-brac, sans possibilité de nommer la dimension ainsi *unifiée en traversant* les autres. Mais on peut le détromper : il existe bien, pour chaque point, une *poutre traversante* qui le relie à des points homotopiques sur des plans parallèles au premier. Par exemple, l'*analogisme* prévaut en Inde brahmanique *et* utilise le *Dharma* pour conceptualiser la chaîne hiérarchique des êtres. Ce *rangement* favorise la mise à distance réciproque et peut être retrouvé directement dans le comportement *obsessionnel* de procrastination rituelle caractéristique de cette culture.

L'altruisme (selon Durkheim) est également une façon de situer l'individu « comme tous les autres » dans un grand Tout sociétal, ce qu'on retrouve dans le *hiérarchisme* selon Mary Douglas, en tant que système d'ordre.

Nous pourrions tenter le même exercice pour les autres dimensions : le *Culturel* (l'*Identitaire* ou le *Sentiment* en tant qu'opposés à la *Règle*) coïncidant, ou étant fort affine avec l'Hystérie, montre un lien d'homologie avec l'animisme (comme identité animale/humaine d'un *individu*), avec l'*Artha* (possession individuante), mais aussi avec l'engagement « libre » de l'artiste ou du mystique individualistes. En un sens proche, on y retrouve peut-être aussi le suicide *anomique* de Durkheim, que l'on voit bien comme gesticulation personnelle dans un monde justement sans normes admises comme telles (selon Douglas)

Ce qui ne marche pas si mal pour ces dimensions médiatrices semble fonctionner *a fortiori* pour les principes les plus opposés : le *Sociétal* comme position de surplomb absolu, dont nous avons vu qu'il se laissait associer en mode pathologique à la *paranoïa,* s'accorde facilement avec *l'enclavisme* de Douglas (Structure centrale *dominante* mais vide parce que sans groupe filial pour y résister), avec le suicide *fataliste* de Durkheim (celui de Roméo et Juliette, écrasés par la structure sociale), avec le *naturalisme* descolien comme science panoptique recouvrant le monde de son regard savant, et peut-être avec la *Moksha* comme seule délivrance possible.

Quant au *Familier,* on y loge facilement l'amour *(Kama),* et, pourquoi pas le *totémisme* selon Descola, pour lequel la nature se partage pour nous -mi-animaux/ mi-humains- entre amitiés intimes et hostilités. L'objet particulier de Geertz y est bien représenté, mais comme mini-totalité composite, et pas comme affichage d'une posture « personnalisante ».

Le suicide *égoïste* selon Durkheim, qui désigne celui d'une personne qui « n'a pas de famille » (le célibataire) va également bien dans le tableau sur cette positionnalité.

Un problème, cependant : si nous souhaitons utiliser le calque des pathologies psychiques pour lui connoter le quadrant « Familier », nous sommes bien obligés de considérer une *schize* non plus idéologique (comme dans les séparations de type universitaire ou religieux), mais vécue comme effet du conflit direct avec le pôle « Sociétal ».

En effet, ce monde de l'amour, du prochain, du local, etc. est aussi le monde qui est limité dans sa substance propre par sa dispersion au sein de la totalité sociétale s'imposant cette fois comme référent. Pour tout Sujet qui s'y trouve pris, il existe donc simultanément deux acceptions de cette réalité, qui rejoignent d'ailleurs probablement les modes hallucinatoires que nous avons imaginés pour les commencements de la culture parlante. Il la vit en même temps comme jouissance pleine de son propre monde et comme réduction de celui-ci à un élément insignifiant, sans position subjective assignable. C'est pourquoi la fusion *animiste* et la *schize* s'y mêlent et s'y renversent l'une dans l'autre.

Pour résumer, la pluralité dans l'ordre culturel semble faire l'unanimité des anthropologues -eux-mêmes différemment positionnés- au moins sur quelques points : -elle se manifeste comme une conversation conflictuelle plus ou moins fondée dans la différence réelle des situations, mais toujours retraduite en systèmes d'oppositions symboliques.

-Ces systèmes peuvent être simplifiés et ramenés à des tétralogues (des quadripoles) qui sont comparables entre eux. Toujours affines malgré leurs styles particuliers et leurs grandes ambigüités, ils nous disent tous quelque chose de très proche, même si on ne peut fonder le pur métalangage qui en donnerait la formule générale, exacte, parfaite et valide pour tous[52].

---

[52] C'est la raison pour laquelle nous ne recourons pas ici à la mécanique conceptuelle des quatre discours selon Jacques Lacan, qui est pourtant proche de notre propos, et pourrait fort bien constituer un « calque » référentiel pour les autres. Le risque de l'abstraction lacanienne (S1, S2, a), c'est qu'on se sentirait obligé de l'assimiler en préalable à toute pensée de la réalité sociale, ce que nous refusons ici : elle doit au contraire se déduire d'une considération concrète des tendances des cultures à se polariser et se « positionnaliser », et non l'inverse. Autrement dit : la réflexion lacanienne, subtile et forte s'il en est, est plutôt proposée ici comme étape à découvrir que comme fondement préalable. A noter, cependant, que le problème rencontré par Lacan -comment rendre compte des discours du capitaliste et du discours de la science- est également traité par lui en termes d'évolution d'un système. Mais Lacan, contrairement à ce qu'en ont voulu faire certains de ses émules, ne se voulait pas anthropologue ni historien : il avait suffisamment à faire avec la difficulté de la rencontre entre « Sujets réels », plus proche, sans doute, du thème austinien de la

-Ce « quelque chose », nous ne pouvons que l'évoquer quasi-poétiquement, en sachant que d'autres la diront différemment. Dans nos propres termes, et en fonction de la problématique de ce livre, cela tourne autour d'un rejet plus ou moins dur de la « totalité ». Ainsi sommes-nous avertis par les oracles (que sont un peu nos grands anthropologues) que *lorsque la totalisation apparaît, à n'importe quelle étape historique et dans n'importe quelle configuration culturelle,* il va se manifester une séparation, une distinction, d'abord dans le sens le plus brutal d'une « particularité » (qui refuse d'ailleurs de n'être qu'une partie du tout et s'apparente plutôt au « monde de vie » cher aux philosophes allemands). Ensuite apparaîtront au moins deux grands styles de médiations, l'un préférant la séduction artistique, voire religieuse, entre personnes, l'autre se posant comme table de la loi du savoir pour tous.

Il nous resterait désormais à montrer comment, d'une part, l'histoire réelle des cultures humaines s'arrange de cette « destinée de la métaphore », et d'autre part, comment on pourrait pressentir la forme de pluralité qui va réémerger au stade et à l'échelle spécifiques d'une mondialité avancée.

Mais un dernier effet de démonstration peut venir, avant cela, nous conforter dans l'idée que

---

performativité de la parole.

nous avons raison de poursuivre cette chimère. Car la tétralogie incarnée dans des formes collectives, aussi bien que psychiques n'est peut-être, après tout, qu'une dérivée immédiate de la logique fondamentale de l'acte de parole consubstantiel du primate dit humain, parce que, justement, il n'arrête pas... de causer.

Dans cet *acte* performatif (qui est bien plus qu'une *action*), rappelons que nous « voulons » -avec une énergie d'origine animale dédiée à la survie du collectif comme condition de la vie- *comparer* le petit groupe spontané et le grand groupe à créer et préserver[53]. Or ces deux termes, nous ne pouvons les comparer pour les faire valoir l'un par rapport à l'autre *que* grâce à un troisième terme : le témoin -au sens matériel et bientôt humain-[54]. D'autre part, nous-nous déterminons comme libres Sujets/Souverains de cette opération, sans laquelle elle ne tient pas,

---

[53] Cette comparaison « de base » peut prendre des variantes indirectes infiniment... variées. Ne serait-ce que la discussion sans cesse reprise sur la différence entre « l'opinion publique » et la position « personnelle », ou entre la « vie privée » et la « vie sociale », etc, etc.

[54] Comme témoins significatifs, nous pouvons rappeler leur penchant propre à la mesure et à la quantité : la barbe du zouave du pont de l'Alma vaut, en cas de crue, pour une mesure précise, celle-là même que les Egyptiens savaient établir pour chaque crue du Nil. Du coup... (Comprenne qui pourra) Napoléon ramena l'Obélisque à la Concorde, et Adèle Blansec est toujours passionnément obsédée par le rapport entre la taille des ailes du ptérodactyle du jardin des plantes et celle du nez de Ramsès II !

soit qu'elle retourne à l'animalité, soit qu'elle se projette dans la *robotité* future (et déjà trop actuelle).

Nous voici donc en possession du trésor originel : *la formule même de la tétralogie native* ! Le pur Idéal Sociétal y fait face au pur Familier, tandis que les nécessaires médiations qui rendent possibles leur métaphorisation, sont les Sujets / Souverains y faisant face au modèle (pattern) témoignant *objectivement,* et bientôt quantitativement, de leur comparabilité !

Ainsi, nous voila vraiment soutenus. Ou plutôt adoubés, reconnus aptes à soutenir les différentes digressions et invasions du paradoxe, *grâce à la fiction tétralogique.* Celle-là même où « l'apeiron », l'ouvert, est *recouvert* par l'histoire selon laquelle ce serait la rencontre faciale qui rendrait compte du non-comptable, et, à l'opposé, le rangement permis par le modèle (celui du tableau sculpté des comparaisons de mesures pour le Parthénon et son triangle d'or, par exemple.)

Bien sûr, *en vérité,* la structure tétralogique de la métaphore et de son âge d'or, préalable à sa dérive vers l'unaire, n'est qu'une ruse du refoulement nécessaire. Mais c'est une fiction classique, et partant éprouvée, très relativement sage, et pour cela, intéressante. Probablement davantage que les dualismes tranchés et tranchants, incapables de recourir à l'idée de médiation pour représenter les formes de manipulation de l'irréductible en tant que styles.

Je ne crois pas que la « solution » se situe dans un équilibre des quatre positions anthropologiques ainsi présentées, ni dans une détermination de cet équilibre, ce qui reviendrait, de fait, à accorder un pouvoir englobant à l'une d'entre elles au détriment des autres. Je ne crois pas non plus qu'une des positionnalités est meilleure qu'une autre (contrairement à la théorie des quatre discours de Lacan qui pose la psychanalyse -ou discours du « sujet parlant réel » accessible dans la seule rencontre de deux personnes et son pacte rigoureux d'indéter-mination mutuelle-), bien que j'avoue un faible pour la médiation artistique inventant de l'imaginaire sans le réduire immédiatement à un programme ou une suite de règles.

Mais je pense fermement que la dérive, la destinée dérivante du procès de métaphorisation dans le jeu historial entre ses quatre bornes principales, nous conduit inéluctablement vers *une destruction par autoréférence*. Celle-ci prend l'allure, en premier lieu et symptôme inaugural de la catastrophe, d'une « gestion » combinée du pouvoir et du savoir, ou encore du Maître et de l'Universitaire[55]. Ce dernier est

---

[55] On le voit clairement, avec l'immense crise sanitaire inaugurée en 2020, aux tandems constitués partout dans le monde entre Exécutifs et « Conseils

proche de ce que Lacan désignait parfois aussi comme « discours de la science », sans les confondre puisque le désir le plus fou y est encore débridé (tout au moins dans la seule science «qui compte » : la science-fiction).

Il est impératif -pour tous les Humains désirant le rester (comme parlêtres) sans subir des souffrances trop atroces- d'entrer en lutte, en résistance contre cette dérive et surtout son accélération : l'inflation du pôle intermédiaire entre Sociétal et Règle est en effet la marque de la constitution d'une force irrésistible, d'une armée monstrueuse coalisant technoscience et gestion. Nous l'avons parfois nommée par le mot-valise « poutecharma » (« pouvoir-techno-science-argent-masse ») qui illustre bien cette coalescence fatale.

La fatalité ne réside pas tant dans l'étouffement certes pénible qu'elle produit chez ses contemporains, mais plutôt dans l'implosion-explosion dévastatrice qu'elle se promet, peut-être à partir des lignes de fractures entre ses propres composants catégoriels.

Ainsi n'est-il pas absurde de penser que la société-monde fondée sur la domination absolue du « divin marché » (qui ne serait rien sans l'autorité étatico-militaire ou la puissance techno-scientifique et son discours d'objectivation générale des humains

---

scientifiques » (note de mars 2021).

robotisables) s'effon-drerait, en conditions externes défavorables, par le conflit inexpiable entre ces quatre dimensions[56] : *l'Etat,* qui ne peut accepter de se voir changer en piétaille alimentée par le marché des biens collectifs, ni vidé de sa substance par l'automatisme auto-réplicateur ;

L'Argent, fluide universel qui ne saurait supporter d'être réglé par la légitimité publique, ni détruit par la mécanique qui pourtant l'anime.

La *Technoscience,* dont l'arrogance incommensurable *fondée sur la mesure du monde pour le reproduire en le contrôlant,* ne saurait longtemps s'accommoder des limites de l'éthique voire des étroitesses budgétaires.

Et enfin et surtout, la *masse* des Sujets agglutinés par la communication langagière commune, et qui vibre pour ainsi dire, en cadence, selon des vagues conversationnelles qui la traversent de part en part, toujours mises en mouvement par la symbolisation et sa propre incertitude désirante. Masse sans laquelle aucune des trois premières instances ne pourrait exister.

C'est pourquoi nous proposons de considérer le retour régulier de la division tétralogique des dimensions ordinaires de la culture humaine au long de l'histoire du « peuple des parlants »

---

[56] Le « poutecharma », (POUvoir / TECHnologie / ARgent /Masse) est supposé représenter l'ensemble organique des forces régnantes au stade mondialitaire.

comme plus *bénin* que la fusion de l'entité agglutinante de ces instances, sous l'égide de la pensée auto-objectivante et robotisante. Car cette condensation d'une « totalité organique » peut accélérer la survenue d'une implosion. Celle-ci résulterait du caractère insupportable de cette totalité «achevée », de cette perfection arrêtée aux seules limites du monde et se confondant avec lui dans une saturation et une complétude incompatibles avec la poursuite de la parole. Pourrait alors s'en déduire en réaction une guerre des étoiles dont l'horreur n'est pas même bonne à évoquer pour s'en garder.

Un retour préventif sur le *moment métaphorique* permet peut-être alors de maintenir l'équilibre tétralogique qui en est l'expression formalisée-, d'anticiper et d'empêcher les propagations spontanées qui nous conduiraient au paroxysme et à l'irréparable. Il s'agit, dans ce contexte de prévision d'une totalisation dangereuse, d'utiliser un savoir anthropologique sur l'alternance entre la poussée vers l'unité et la condition conversationnelle de celle-ci, pour *ralentir ou détourner* un cycle de parole parvenu à l'orée de sa propre « catastrophe ». Cela ne signifie pas ralentir l'histoire humaine, bien au contraire. Car, si l'on y réfléchit un peu, l'entrée en période catastrophique d'une société-monde devenue Matrix, contrôlée par le « poutechar » et sa masse d'assujettis, pourrait déboucher sur une stagnation de durée indéterminable, le tout végétant ou régressant sur un substrat biologique violenté et appauvri.

Chapitre IV
La pluralité dans l'histoire humaine

Nous avons suggéré que la pluralité exige que se présente d'abord une perspective unitaire ; une hallucination de l'Un, à toutes les échelles de conversations. Elle est *réactive* à l'idée de l'Un, en résistance ou, à tout le moins, en *quérulence* d'un aménagement de celui-ci.

L'inverse est également plausible : lorsque la division est grande et néfaste, les gens aspirent à construire des formes synthétiques, ne sachant sans doute pas d'avance qu'elles feront à leur tour appel à la pluralité pour les rendre supportables. Cette dialectique rappelle la phénoménologie hégélienne de l'Esprit, mais nous ne cherchons pas à saisir ici le cheminement de la rationalité dans l'Histoire, ni à aboutir à l'expres-sion d'une intuition quant à la *fin* de cette Histoire. Au contraire, la totalisation d'une société planétaire n'est certes pas la finalité ni la fin: elle n'est qu'un phénomène de construction/déconstruction des relations entre les Humains, ni plus ni moins rationnel que celui qui a prévalu aux origines du processus d'unification.

Il nous faut donc rester dans ce registre assez étroit de la problématique de l'Un *et* du Pluriel, de façon à n'extraire des formes étudiées que ce qui concerne celle-ci, sans préjuger des modifications supposées par ailleurs essentielles, comme par exemple la technologisation irréversible de l'espèce (au sens de Jacques Ellul).

Nous appliquons à l'Histoire ce que Lévi-Strauss postulait pour les sociétés primitives : à savoir que c'est le même esprit humain qui est à l'œuvre, s'appliquant à des questions différentes et sans « progrès » concernant l'essentiel du phénomène culturel, sinon une sophistication des moyens de l'acte de métaphore dans les langues, dans les écritures et dans les images.

Nous ne donnerons ici que quelques exemples concernant de grandes formations historiques, au risque d'un discours généraliste, mais en supposant disponible une vaste documentation permettant à quiconque de juger de la solidité des modélisations proposées.

Encore une remarque incidente à ce propos : bien que le but général de nos travaux –courant sur plus d'une dizaine de livres- soit bien d'étudier *comment la culture-monde peut exister durablement sans se fracasser en détruisant la nature vivante,* nous n'abordons pas ici cette interaction essentielle, mais plutôt, et comme un préalable nécessaire, les façons dont les cultures humaines font se rencontrer et varier leurs formes dans diverses conjonctures. Que servirait en effet de postuler une « résilience » de la culture à la situation actuelle et à venir si l'histoire et l'anthropologie devaient nous démontrer qu'elle en est incapable «en soi », et que, par exemple, elle n'a jamais pu faire face, dans des situations urgentes, à la possibilité de se diviser, de s'ouvrir de restructurer à fond les relations entre son unité et sa pluralité ?

Concernant deux formes importantes dans l'histoire –la religion et la nation-, nous esquisserons deux cadres de réflexion, en nous donnant la liberté d'évoquer des pistes sur d'autres phénomènes à rapporter éventuellement à des méthodes compatibles avec la même approche :

-la pluralisation du monothéisme ;

-la formation européenne (19e, 20e siècles.)

Situons d'abord ce qui les rapproche :

-ce sont de grandes métaphores orchestrales, « occidentales » -mais à visée déjà universelle, qui ont entraîné l'une comme l'autre des organisations internes gigantesques, différenciées, voire agonistiques.

-Leur établissement comme leur évolution au fil des siècles a en même temps incité à trouver certains équilibres durables, et poussé au déchaînement de conflits parfois suicidaires à l'échelle sociétale.

Le pluriel du « Mono ».

Quant au monothéisme occidental, on reconnaît usuellement sa *tripartition* en

Judaïsme, Christianisme et Islam. Cela pose immédiatement une question sur la validité de notre approche, qui stipule la *nécessité interne* d'un carré dans toute forme élémentaire de pluralité se déployant dans la parole à partir d'une double division entre ses principes et ses médiations dans une direction et son opposé.

On dira que c'est là une question formelle. Non ! C'est un problème essentiel, pour autant que nous considérions le monothéisme comme une conversation orchestrale produisant une pluralité civilisationnelle, et non pas une simple juxtaposition de différences produites au hasard des détails de l'histoire et de la géographie.

Il doit *encore moins* être pensé comme un développement de fractures tendant à la destruction mutuelle, en dépit du caractère massacrant des guerres de religion qui, dans la seule chrétienté, conduisit à un recul significatif de la population, et, sur sa limite extrême, à la tentative d'exterminer les juifs d'Europe.

Ces massacres doivent cependant être pris en compte comme le rebord extérieur de la pluralité, la manifestation permanente du risque de sa dégradation en implosion terminale. Ils nous incitent à travailler encore davantage sur les indices de la différence, parfois si ténue, entre *pluralité* et *conflictualité, voire autodestruction.*

Le monothéisme, en réalité, produit *sa quatrième positionalité* : *l'athéisme,* sans laquelle on ne peut pas comprendre le groupe ainsi formé (ce que Bataille appelait « l'athéologie »[57]). Il le produit comme terminaison logique d'un processus allant d'un jugement « subjectif » parfaitement arbitraire à une confiance absolue dans la loi de nature. *L'athée est en cela le croyant le plus pur* que ce système ait induit en tant que conversation avec lui-même : enfin, à partir de l'athée Spinoza, pouvons-nous nous en remettre absolument à la confiance. Jamais la nature ne nous trahira et son grand prêtre -le scientifique- n'est ici que le serviteur de notre certitude amoureusement et définitivement acquise, moyennant la concession kantienne selon laquelle nous n'atteindrons jamais « la chose en soi ». Mais qui s'en soucie, du moment qu'on appréhende la loi générale du réel?

Le judaïsme a instruit les commencements du processus d'unification théologique à partir d'une pluralité forcée et peu supportable, celle de la dispersion de gens de culture proche et aspirant à former « un » peuple. La critique antisémite généralement formulée par les Goyim *(les Nationaux)* à l'égard de l'idée de « peuple élu », n'est ici pas pertinente : il y a plutôt élection réciproque entre l'idée d'un Dieu personnel *unique* et celle d'un peuple *unifié.*

---

[57] Avant son adepte -pas si inepte ni sans courage- que l'on nomme « Michel Onfray », mais que la quête de notoriété semble passablement secouer, voire égarer.

Dieu, en ce sens, est aussi élu par quelque chose qui, aux moments difficiles de la construction de l'alliance, se veut « Un », ce qui implique en retour l'unicité et l'unité de chaque membre dudit peuple : le Sujet[58] .

On pourrait même soutenir que, dans le contexte des grands empires du Moyen Orient, la solution juive à la question de la formation *d'un* peuple *répond* à la solution grecque : la première se consacre à résoudre le problème de l'unité difficile ; la seconde pose d'emblée celui de l'égalité -toujours menacée- entre membres libres d'une même cité. Déjà, se trouve indiqué en pointillés dans la simple différence de ces termes ce qui fera le premier clivage intérieur au monothéisme : le judaïsme sera toujours marqué (au temps du temple comme à celui des rabbins) par le thème central de l'unité à préserver, tandis que le christianisme, effet d'une fusion de sectes juives et de l'ensemble hellénistique romanisé, insistera sur le thème de l'égalité « ontologique ». Comme Freud l'a bien esquissé dans son « Moïse », le christianisme est la religion de *l'égalisation* entre le Père et le Fils. Certes, ceci passe par la reconnaissance mutuelle gratuite nommée « amour ». Néanmoins, cela pousse aussi au calcul des inégalités et à l'avancée d'une « justice

---

[58] Lequel invente alors Dieu à son image autoréférente : « je suis celui qui suis » *(yesh esher yesh)*.

sociale » à l'échelle d'une immense totalité sociétale.

Pour ce qui concerne l'Islam, l'unité fait retour comme problème -mais cette fois entre éléments non réductibles à un peuple-, puisqu'il est convoqué pour ordonner le mouvement brownien des tribus nomades vendettaires aux périphéries du christianisme comme empire. Mais il ne s'agit pas seulement d'un *retour* aux prémisses du judaïsme (lequel, selon la légende mosaïque, se conçoit déjà uni dans l'exode, bien que menacé par la diaspora forcée).

Il n'est pas tant question de résister à la dispersion que de fomenter un pouvoir hiérarchique assez puissant pour décourager toutes les tentatives volontaires d'écart ou de départ. Nous obtenons donc un modèle vertical qui serait à la fois patriarcal, économique, culturel et géographique. Ce modèle est assez bien symbolisé dans les hadîth par le voyage de Mahomet à Jérusalem et sa montée, par étages, au ciel, en compagnie d'une hiérarchie de prophètes l'ayant précédé dans la proximité de Dieu. Cette verticalité appelant *soumission* et donc *sujétion* (sens exact du mot Islam) n'est pas contradictoire avec la vie conviviale «horizontale » de *l'Oumma* (la communauté des croyants). Mais la lutte pour le pouvoir absolu – bien observée dans sa répétition par le grand historien et sociologue Ibn Khaldoun- est partie intégrante de la vision monothéiste musulmane, parce qu'elle appuie la volonté d'unité « par le haut », par les grandes familles captatrices de richesse distribuable et leurs patriarches emblématiques.

Quant à l'athéisme, qui se déboîte essentiellement du christianisme, il provient d'une conséquence logique inhérente à cette religion –et que Hegel avait noté à sa façon en y voyant l'origine du processus de rationalisation- : dès lors que l'on place entre deux personnages humanisés (Père et Fils) un personnage non humanisable (le Saint Esprit gnostique d'origine philosophique, hellénistique et asiatique) reflétant l'aspect formel, mécanisable, de la sagesse (c'est-à-dire l'héritage sophistique grec), on court le risque d'une évolution donnant l'avantage à ce terme. Alors, progressivement, le caractère anthropomorphe des protagonistes divins se révèle inutile, puisque le calcul de l'égalité entre les membres peut être effectué d'abord par la « partie intelligente de notre âme » dirait Platon, puis par une machine automatique mais précise, voire univoque. L'athéisme n'est donc que la *déposition* tranquille et inéluctable (parachevée par Spinoza) de la personnification du juge[59], de l'arbitre des injustices dans un

---

[59] Poursuite paradoxale du même phénomène : c'est maintenant le jury, comme incarnant le peuple « en personnes » qui est désormais en cours de suppression en France, au profit de juges professionnels, et surtout des

grand système sociétal organique, d'abord pensé par les Sophistes, puis par les Philosophes.

Cette personnification dispersée entre tous les membres par le bon langage logique (aristotélicien) entraînera la dialectique du « Sujet », dont le terme s'ouvrira du sens de « soumis » (et donc d'objet) à celui « d'auteur », transformation seulement assurée près de 1500 ans plus tard. Enfin, c'est à l'âge psychanalytique, que sera pressenti *le sens du Sujet comme une ambivalence continuellement divisée par le paradoxe du « devoir d'être libre »*.

Contrairement à ce qu'affirme Marcel Gauchet, il ne s'agit en rien de « sortie de la religion », mais au contraire de bouclage autoréférent du cœur de tout monothéisme, à savoir d'une simple retombée sur la preuve par l'évidence : le Dieu de l'athéisme, c'est celui, désormais absolu, du Réel, non arbitraire et non contestable. Celui-là même qui a fait côtoyer et vivre la folie par son apôtre Clément Rosset.

C'est la croyance la plus puissante que le monothéisme ait jamais pu inventer, après le pacte juif, la convention chrétienne père-fils, et la juste crainte islamique d'abandon de la transcendance paternelle. Son credo ne nécessite pas même cinq prières après les 613

---

critères mathématiques et réglementaires qui les encadrent désormais.

mitzvot. Il tient en une courte phrase : « je crois
absolument au Réel et en ses prophètes
totalement fiables, les seuls scientifiques ».
Nous pouvons néanmoins en conclure que la
pluralisation du monothéisme occidental a bien
été tétralogique, exactement comme le prévoit
la théorie culturelle *implicitée* -souvent sans en
être conscients- par notre aréopage
d'anthropologues favoris (gentiment épinglés au
chapitre précédent), et soutenue ici en termes
aussi explicites que le permettent « l'apeiron »
et son urgence poétique.

Non seulement, cette pluralisation interne du
Mono s'est bien divisée en quatre
positionnalités, mais celles-ci ont obéi à une loi
de partition dynamique entre principes et
médiations. Ainsi, à commencer par une
préoccupation juive pour l'unité « par le bas »
(à savoir par des règles qui n'ont de vie que
pratiquées par les petites familles, y compris
dans la dispersion) -ce qui correspondrait au
contingent principal de notre signifiant
« Familier »-, on pourrait opposer une unité
« par le haut » incarnée (ou plutôt maintenue
dans la tradition seigneuriale endogame
méditerranéenne) par l'Islam sous le regard
d'un Sujet judiciaire absolu[60] et de sa hiérarchie

---

[60] Vouant aux flammes de l'enfer tout écart
d'incroyance ou d'infidélité dans à peu près deux sourates
du Coran sur trois. Rappelons cependant que le vocable
« incroyant » désignait *d'abord* les Arabes animistes

liée par l'entre-soi, la fraternité et le cousinage masculins (bien établi dès la fin des années 1950 par Germaine Tillion[61]).

Transversalement, les dimensions médiatrices seraient incarnées par le christianisme –dont la tendance égalisatrice passe encore par le sens (l'amour)- et enfin par l'athéisme… qui se change en pur calcul régulatoire, appuyé pour ce faire par la technologie (ce que Castoriadis nommait « l'ensidique », et Lacan « discours de la science », du « tout est possible au calcul »).

Historiquement, cependant, le schéma ne se produirait pas de manière *orthodoxe* (pour la théorie culturelle prévoyant que les médiations surviennent *après* le conflit principal, comme des *réactions* à sa crise), mais des explications relativement simples peuvent être données pour ce « détour ». Il suffit en effet de considérer que l'Islam n'est pas seulement une religion « nouvelle » au moment de son surgissement arabe au temps de l'hégire, mais que sa dernière version chiite reprend aussi très vite la tradition étatique iranienne, elle-même écho modifié par

---

encore non islamisés, et dont les mœurs vendettaires, endogames et gynéphobes étaient bien plus accentuées que ne le préconise l'Islam. A ce point que, par exemple, Israël a encouragé l'islamisation de ses propres bédouins pour parvenir à une « négociation » possible sur le plan civique.

[61] *Le Harem et les cousins, le Seuil,* Paris, 1966 (1954)

la conquête alexandrine des anciennes puissances impériales du croissant fertile. Alors le judaïsme n'est plus seulement à lire comme émergence d'un principe d'unité, mais résistance locale et plurielle (maintes fois affirmée dans la saga biblique des « tribus d'Israël») contre la massive organisation orientale (symbolisée par le trône Babylonien, par exemple).

Admettons que cette interprétation soit discutable : cela n'en porte pas en soi invalidation de l'idée générale, ne serait-ce que parce qu'il serait de toutes façons absurde de prétendre fixer les formes historiques réelles comme si elles devaient se conformer exactement aux idéologies[62]. Malgré tout, le résultat de l'application d'une visée anthropologique à l'histoire, pour osée soit-elle, nous semble donner des résultats d'autant plus impressionnants qu'ils font apparaître des aspects puissants, et pourtant si simples qu'on se demande comment ils n'ont pas été perçus ou retenus auparavant.

La réponse à l'énigme est tout aussi simple : ils ne l'ont pas été *parce que* la visée structurale « équilibratrice des différences » suppose une extériorité (comme on l'a remarqué à propos de

---

[62] Quoiqu'il en soit, les phénomènes subjectifs peuvent présenter des formes paradoxales ou aberrantes ou le symptôme apparaît avant le problème de fond dont il témoigne ! (C'est aussi vrai pour des pathologies physiques, d'ailleurs).

la position « analogiste ») dont la froideur répugne aux acteurs historiques. Encore aujourd'hui, il peut être difficile à un Croyant d'observer *comment sa propre religion engendre l'athéisme,* ou comment Judaïsme et Christianisme conversent sans le savoir sur la prééminence à accorder à l'unité du peuple autour d'un pacte entre Dieu et peuple (« Group » selon Mary Douglas) ou à son égalité interne (« Grid ») : divinité *partagée* entre Père et Fils.

Citons un dernier élément important de l'histoire subjective du monothéisme : la *récurrence* de l'antisémitisme comme « fonction » du christianisme. Ce phénomène avéré, attristant, répété sur quinze siècles, indique surtout qu'une métaphore n'est pas sans incidence parfois dramatique sur l'histoire longue. Dans ce cas, il s'agit de l'effet attendu *en retour de l'énoncé égalisateur du christianisme* : la personne qui affirme que le Père est égalé en divinité par le Fils commet en effet un *meurtre symbolique* -celui -là même qui fascine Freud et cause au fond son propre mythe des meurtres dans la série des pères, du chef de horde à Moïse voire aux Juifs germaniques comme « pères » de l'idée nationale allemande-.

Car c'est le chrétien qui commet ce « meurtre » mais comme il partage avec le juif la même Bible, la même référence au Père, la tentation est trop grande de lui rendre la paternité… du « crime ». Un mécanisme paranoïaque se met donc en place chez le rêveur chrétien, qui consiste simplement à accuser le juif du « crime » que lui-même commet en permanence et dans toute sa liturgie. « Ce n'est pas moi qui tue Dieu en le rabaissant au niveau de son Fils, c'est lui qui tue Dieu en livrant le Fils à la mort ». L'antijudaïsme comme simple ressentiment des juifs-chrétiens et pauliniens des premiers siècles envers leurs frères se transforme donc à partir d'un certain moment (peut-être la première croisade) en accusation systématique des juifs comme « déicides » ou mieux : parricides. Ce trait est connu, mais n'est pas compris dans son incroyable résistance au cours des âges : au-delà de l'appel à la persécution concrète d'un peuple réel, il est pourtant important de saisir qu'il s'agit d'un « dégât collatéral » pratiquement inséparable du monothéisme chrétien *en tant qu'appel à l'égalité*. Pour le dire dans nos termes : on ne passe pas impunément d'une métaphore centrale étayant l'unité hiérarchique, à une autre mettant l'accent sur l'égalité entre les membres[63].

---

[63] Il y aurait beaucoup à dire sur la thèse de Nietzsche à ce propos (et à celle du *ressentiment* qui la fonde), notamment dans *L'antéchrist* (que je n'avais pas lu avant d'écrire ce paragraphe). Le problème principal est sans doute que ce philosophe -dans son exaltation contre la religion- lui assimile entièrement une tendance humaine qui remonte, selon nous, à l'invention de la parole : le

En ce sens, l'antisémitisme est une résistance (pathologique) à la pluralisation interne de l'Empire proposée sous le discours chrétien. Celui-ci, en effet, remplace la question de l'unité du Tout sociétal par la « question sociale », et donc par le problème des relations entre riches et pauvres. Il y a un prix à payer pour cette réorientation de tout le symbolisme, et ce sont les Juifs qui devront le supporter. D'où, par un retour relevant de la même

---

grand groupe homogène comme idéal. La haine de Nietzsche contre « le prêtre » (juif, chrétien, bouddhiste, etc.) s'apparente elle-même à une revendication de liberté (certes légitime à l'époque où il vivait). Quant à l'opposition qu'il soutient entre l'aplatissement religieux de la nature et la science devenue alors récemment darwinienne, elle repose sur un espoir mal placé : le discours de la science s'est évidemment situé ensuite *dans le prolongement* des religions, là encore parce qu'elle autorisait un élargissement du groupe, voire son universalisation concrète.

Il n'en reste pas moins vrai, comme le rappelle notre matérialiste hédoniste-cosmique, Michel Onfray, qu'il existe un Darwin peu cité (celui de la *Descendance de l'Homme* -au sens de destinée de l'espèce-) et qui ne peut être ramené à la dérive orgueilleuse de la notion de surhomme (laquelle a tout de même bien servi les Nazis, même s'ils s'appuyaient sur un contresens total aussi bien sur Nietzsche que sur Darwin, d'ailleurs). Trois failles ont permis cette dérive à partir de Nietzsche : son « enthousiasme » anti-théologique, paradoxe valant pour défaut d'une perspective anthropologique suffisamment vaste, son hypostase concernant le « lieu » et la nature du surhomme en tant que résistant paradoxal au sociétal ; et enfin son incompréhension de « Lascience » comme prolongement historique des monothéismes. Nous y reviendrons certainement car cet auteur est incontournable, bien que sa colère soit mal adressée.

paranoïa, le discours que Shakespeare met dans la bouche de Shylock sur la « livre de chair » que lui *doit* Antonio, le débiteur chrétien.[64]

Ainsi, un petit changement de direction de l'énergie désirante du ressentiment peut-il avoir une résonance considérable pendant un ou plusieurs millénaires et s'accompagner de tragédies répétées sur le même modèle. sans qu'il y ait de continuité événementielle entre elles.

Encore ne semble-t-il pas inutile de réfléchir sur ce qu'un tel symptôme collectif tente de signifier : à savoir que la tension vers l'Un est tellement puissante, tellement insistante dans la subjectivité de tous (comme condition de celle de chacun), que le seul détour vers la « pluralité » représentée ici par le thème idéalement égalitaire prend valeur de scandale, et ce dans les profondeurs de l'inconscient.

---

[64] Il est possible, des causes proches donnant des effets similaires, que la répétition historique du «meurtre du père tutélaire » représenté par le maître esclavagiste dans les temps modernes ait entraîné une forme « créole » de culpabilité, ensuite projetée sur les « nouveaux juifs » qu'ont pu devenir, pour ce rôle, les descendants d'esclaves libérés. On pourrait ainsi expliquer la source de la haine sensible des establishments sud-américains pour leurs « peuples noirs » ou métisses, symbolisés par les habitants des favelas et autres *barrios, ranchos, asentamientos, cantegriles, ciudades perdidas, invasiones, callampas, campamentos, chacarita*s *barriadas, villas miseria* ou *tugurios*. (Plusieurs centaines de milliers de personnes tuées chaque année sur ce continent ne s'expliquent pas par la simple délinquance).

Nous devrons sans doute nous en souvenir quand il s'agira d'aborder notre propre tâche contemporaine de pluralisation : n'aurons-nous pas affaire, en même temps qu'à un besoin intense de pluralité brisant cette monstrueuse « Globalia » (selon l'excellente expression de Jean-Christophe Rufin), à un désir accru de la renforcer encore, au risque d'une inhumanité toujours plus grande ?

Comment se parlent des cultures nationales autocentrées.

Deuxième exemple : *la formation des Etats-Nations européens aux XIXe et XXe siècles.*

Ici encore, nous partirons, *à l'envers*, d'un état supposé accompli : l'Europe contemporaine, marquée à la fois par une fixation supposée stable des frontières nationales et par des élaborations communautaires, même si le stade d'une constitution n'a pu encore être atteint, et si des poussées régionalistes se font sentir avec insistance (Ecosse, Brexit, Pô, Catalogne, etc.).

Ce qui frappe l'anthropologue s'attaquant à la longue durée comme s'il s'agissait d'un *plan de déploiement spatial* de la culture, c'est le côté disparate, contradictoire, du double mouvement vers la nation et vers l'union des composantes de l'Europe. Ce n'est pas un constat très original. Guère plus que celui qui accentue le douloureux « accouchement de l'histoire » dans la violence la plus épouvantable.

Là encore, semble-t-il, la « froideur » de l'examen structural peut répugner à l'observateur qui se sent partie prenante, ne serait-ce que parce que sa proche parenté a vécu des affrontements terribles, et cela de l'intérieur d'une des positions en conflit. Pourtant, ces positions ne sont pas arbitraires. Elles relèvent malgré tout d'une *conversation* quand bien même des épisodes de celle-ci seraient sanglants, tragiques, et même, n'hésitons pas à le dire- *déments,* cela sur des échelles démesurées.

Les grands historiens de l'histoire européenne des deux derniers siècles éprouvent des difficultés à rendre compte de façon explicite et compréhensible -au-delà d'une description fine des enchaînements événementiels- de ce qui se joue au cœur de la violence civilisationnelle. Car cela semble déjouer définitivement toutes les tentatives des penseurs et des experts pour en déterminer le sens (même en tenant compte des « ruses » de la raison dans l'histoire).

Une des hésitations -notable chez Eric Hobsbawm, par exemple- concerne les catégories rendant compte des phases pertinentes : doit-on regrouper les deux guerres mondiales en une ? Les lier ou non aux crises économiques de la fin du XIXe et des années Vingt ?

Nous proposons ici un *critère anthropologique* d'assemblage et de séparation. Le lecteur le reconnaîtra: il s'agit de la poussée vers l'Un, et des réactions pluralisantes (surtout tétragonisantes) qui lui répondent, souvent *comme* pour éviter de se perdre dans les folies implosives de l'autoréférence. Appliqué à l'Europe de l'épo-que en question, ce critère donne l'image d'un recouvrement de poussées dont l'objet était différent. On peut en distinguer deux, d'une grande importance : le premier est le passage rapide et massif de la très meurtrière guerre de sécession américaine à une industrie moderne (Toynbee appelle déjà cette période « post-moderne ») caractérisée par l'énergie de haut rendement, l'électrification, la mobilisation salariale massive, la division du travail industriel élaborée et sa mise en discipline militaire mécanisée (taylorisation), etc. Il s'agit d'une totalisation à l'échelle planétaire, mais fondée sur une division géographique entre centres de production (dans l'hémisphère nord) et réservoirs de ressources (au sud). Cette division est alors intégrée et gérée dans le cadre des empires qui sont les formes développées des Etats-Nations assez puissants[65]. Cela dit, ce que Hobsbawm nomme

---

[65] On ne méconnaîtra pas que la forme générale de l'Empire recouvre dans l'histoire au moins trois

« l'ère des Empires » nous apparaît celle du *déferlement* de la puissance technologique sur le monde. L'expression, dont la paternité revient à Michel Tibon-Cornillot, nous semble d'ailleurs plus adéquate pour évoquer cette période que la *virtualisation* actuelle.

L'essence de cette totalisation par la puissance technique se prolongera jusqu'à son acmé : l'invention des armes nucléaires et de leurs vecteurs transcontinentaux peu après la fin de la deuxième guerre mondiale. Toutefois, nous pouvons soutenir que la guerre de 1914-1918 a représenté la première expérimentation en vraie grandeur de la confrontation des Humains à leur surpuissance technique, et cela séparément de leurs capacités individuelles propres. Ainsi, qu'il s'agisse de la mitrailleuse lourde ou du canon à longue portée, des bombardiers ou des destroyers, la « grande guerre » est la démonstration que l'homme (le soldat, le civil) n'est plus que de la viande de

---

significations très différentes : l'empire-fleuve, l'empire-cité et l'empire-nation. Ces distinctions permettent aussi de déterminer que la société-monde actuelle, sans autre *limes* que la surface de la planète, *n'est pas un Empire* (contrairement à ce que promet le titre du livre de Negri et Hardt). Car ce n'est plus un centre de conquête vers l'extérieur, mais un simple recouvrement du monde par prolifération d'un genre de rapport social. La différence est essentielle, car là où l'Empire tente de représenter un idéal à exporter et imposer, la société-monde se contente d'être elle-même partout. Elle ne domine pas : elle étouffe et s'étouffe elle-même du même coup.

boucherie face à des dispositifs techniques. La suite ne fera que confirmer ce constat. Or de notre point de vue, ce qui est *déjà* atteint ici, c'est l'idéal dont parlera le film « Matrix » ou sur lequel n'arrêtent pas de broder les croyants transhumanistes : la chair et l'esprit humains ne sont que des ingrédients complémentaires ou interchangeables d'un *ensemble* intriqué de machineries de l'infor-mation, dont le mouvement, de plus en plus organique et autonome, peut être attribué à une *volonté unique* : celle du « système » en tant que tel, refusant de laisser sortir ses rejetons de son vaste utérus virtualisé. La métaphore du « cerveau planétaire » a aussi été utilisée (depuis au moins une cinquantaine d'années) pour, tout à la fois, décrire et souhaiter le développement futur de ce phénomène.

Mais il a existé une deuxième acception de la totalisation : *celle de la Nation, évoluant en Société.* La différence entre Nation et Société ne réside pas dans leurs tentatives de former des entités entières, et donc entièrement traductibles en *raisonnements,* soit pour évoquer la légitimité de leur corps politique (Nation, seule source de la loi), soit pour insister sur la solidarité organique de leurs parties segmentées (Société). Leur différence tient surtout à ce que la Nation n'est pas extensible à l'infini, alors que *la Société peut très bien passer du salon littéraire au marché mondial sans changer de nom !*

C'est bien pourtant cette capacité illimitée d'englobement qui était déjà *visée* par la construction nationale *comme* société, ceci en utilisant pour la première fois sa base territoriale comme prototype du grand marché, et aussi comme zone d'accumulation de forces - privées et publiques- pour occuper les prolongements mondiaux de la Nation sous forme impériale.

Ici, contrairement au déferlement technique d'emblée mondial, le passage à l'universel s'effectuait à tâtons, comme les pieuvres allongent leurs tentacules et les retirent devant un obstacle. Cependant, il s'agissait bien *d'une autre façon de travailler le problème de la totalité,* cette fois, de l'intérieur, en expérimentant l'humanité globale... *dans les limites du cadre national à résonances ethnique ou lignagère.*

Cette confrontation -largement imaginaire- à la *totalité* donna d'ailleurs lieu à la fascination par le terme lui-même, le « totalitarisme » devenant l'objet d'une discussion intense entre les années vingt et la fin du stalinisme.

Ce débat engageait évidemment aussi bien des partisans que des opposants, mais il est à constater que tout le monde en fut pétri. Ainsi, de Marcel Mauss qui, lorsqu'il inventa dans son *Essai sur le Don* le « fait social total », voire

« l'homme total », ne songea pas un instant que, militant socialiste et antistalinien, il tombait néanmoins sous la coupe d'un signifiant exceptionnel, et absolument pas « innocent ».

Mauss faisait alors allusion à la mise en branle, disait-il de « la totalité de la société et de ses institutions ». Que ne concevait-il pas que, quatre-vingt-dix ans après la première occurrence de cet énoncé, la société dont il s'agissait pourrait bien être... la planète entière ?

Et même si l'on se reporte au groupe limité dont il est convenu que parlent les ethnologues, Mauss avait-il conscience d'employer un vocable qui l'unifiait de l'extérieur, depuis une position de savoir, comme s'il était évident qu'une société est...une société ? Comme s'il était évident que les « Argonautes du Pacifique » et les « Français » pouvaient être d'emblée comparés, sans aucune hésitation, à partir du même mot : « société » ?

Laissons la question en suspens, mais retenons néanmoins qu'un mot comme celui-là, articulé à l'idée de sa propre *totalité* se rapportait clairement à la constellation de signifiants étiquetée plus tard « totalitarisme ».

L'attraction de la critique de ce signifiant par le fascisme, le nazisme ou le communisme a, en quelque sorte, permis de dédouaner la simple sociologie de sulfureuses affinités, d'autant que les chercheurs se réclamant de cette discipline alors nouvelle ont eu bien souvent à souffrir dans leur chair des dérives totalisantes les plus monstrueuses.

Il semble que, dans la logique de nos critères, la deuxième guerre mondiale (déclenchée à partir de la même prétention allemande que pour la première à réaliser un empire national tardif, arraché à d'autres constructions déjà en place) fut une épouvantable tragédie découlant en grande partie d'un *décalage temporel dans* la généralisation d'une métaphore.

Qu'est-ce à dire ? La métaphore en question est sans nul doute celle de la Nation (allemande en l'occurrence), rapprochée alors de l'idéal d'un territoire aussi homogène que son peuplement. Le décalage est celui qui distingue la construction assez précoce et complète des nationalismes britannique et français, et celle - bien plus lente et complexe- de l'Allemagne et de l'Italie, pour lesquels toute la tradition tendait au contraire vers le positionnement de cités féodales au milieu d'un monde plutôt ouvert.

Ce constat —banal en soi- devient crucial quand on considère que, pour *aligner* l'Allemagne sur la « grande Nation » (thème ironiquement repris par les Allemands pour évoquer la France de Louis XIV à Napoléon), il fallait venir à bout de résistances communautaires localistes dotées d'une force qu'on a peine à imaginer[66]. La militarisation bismarckienne de l'ensemble germanique sous la houlette prussienne orientale avait déjà été un aspect de cet effort, dans la logique de la création d'un empire national et de son « espace ». Mais il est à remarquer que cet effort encadrait aussi une modernisation technique et sociétale impliquant la visée mondialiste ; et que, comme le montre bien Musil dans son étrange roman[67], c'est aussi aux entrepreneurs juifs que revenait l'énergie la plus enthousiaste de ce passage.

Aussi bien le *yiddish land*, loin d'être signe d'une fossilisation, apparaît plutôt alors comme précurseur d'un régime très actif de communications culturelles et économiques - débordant d'ailleurs largement les frontières allemandes-auquel s'oppose une réaction communautaire régionaliste honnissant Berlin. De là à supposer que ce sont les Juifs entreprenants qui ont « inventé » l'Allemagne nationale contre les Allemands tournés vers leurs principautés locales, il n'y a qu'un pas[68]. Il faut évidemment prendre bien des précautions

---

[66] Mais que F. Tönnies donne à comprendre dans *Communauté et Société,* notamment à partir de l'exemple *du* Schleswig Holstein.

[67] *L'Homme sans qualités.*

[68] Il ne faut pas oublier que le Yiddish land a correspondu à une communauté de grands territoires « politiques » depuis le moyen âge (conseil des quatre pays, république des deux nations, etc.)

autour de ce thème sensible, mais l'écarter complètement sans étudier à quoi il fait écho serait une erreur[69]. Sans cela, le caractère proprement paranoïaque du nazisme et de son chef charismatique Hitler n'est plus perceptible : car si c'étaient bien les Juifs qui avaient *fait* l'Allemagne bismarckienne « moderne » (ce qui reflète *une part* de réalité), alors devenir allemands au sens moderne impliquait *de prendre leur place* : on voulait se voir soi-même dans le miroir et non pas « l'autre », ce dernier devenant du même coup l'objet d'une haine d'autant plus impitoyable que son motif en était inavouable : comme si l'on voulait, pour devenir soi-même, commencer par exterminer ce « soi-même » tenu pour étranger.

Nous n'insisterons pas sur ce thème éminemment délicat. Mais, là-encore, notons qu'une approche structurale comme la nôtre est contrainte d'apporter un peu de « froid» sur les questions les plus douloureuses, cela dans le

---

[69] La chose est bien plus complexe qu'elle n'en a l'air, car l'aire du parler yiddish avant 1939 et celle d'une maîtrise parfaite du *HochDeutsch* par des élites juives allemandes vivant parfois en terres étrangères (Pologne, Ukraine, Lituanie, Roumanie, Hongrie, Tchécoslovaquie, etc.) ne se recoupent pas exactement. N'oublions pas que des Juifs se sont souvent convertis au protestantisme ou au catholicisme, sans pour autant avoir perdu tout contact avec la culture des villages yiddishophones. En tout cas, les Nazis ne s'y trompaient pas quand ils repéraient les juifs de Pologne au seul fait qu'ils parlaient Allemand.

seul but d'indiquer que les résistances à la totalisation peuvent prendre des formes paradoxales, dramatiques jusqu'au crime de masse, cela sans que soit mis en question le fond du processus métaphorique en cours.

En l'occurrence, nous voulons dire que le nazisme incarnait moins une modernisation qu'une résistance paradoxale à la « totalisation nationale » brutalement forcée par l'idéal prussien, résistance impliquant la destruction réelle d'un groupe incarnant celle-ci comme objet d'une jalousie, d'un désir empli de ressentiment. En un sens, le nazisme incarnait une *réponse* à la réalisation de l'Allemagne comme nation. Mais réponse *stupide* chargée d'une haine absurde, puisqu'en détruisant *une part de son peuple qui en portait le plus l'idéal,* elle a détourné son mouvement vers une pure destructivité, contribuant par là même à un quasi-*suicide* européen.

L'histoire ne s'y est pas terminée, mais on peut se demander, entre autres, si le mouvement vers l'universalité que portait en elle la maturation nationale des peuples n'a pas été enrayé dans sa variante européenne, et cela jusqu'à aujourd'hui. Certes, les totalitarismes ont été défaits, critiqués et mémorisés comme des pathologies sociétales. La paranoïa antisémite a été stoppée (bien que pas éliminée, puisqu'elle reste une *fonction projective* du christianisme).

Mais les totalités nationales, tout en s'ouvrant grâce à la machinerie de transposition des lois européennes, semblent marquer le pas dans le mouvement d'intégration. Là encore, la question de la pluralité se trouve reposée, et cela d'une manière ambivalente.

S'agit-il d'adhérences du passé ? De « vieux démons » refaisant surface ? Ou encore, de façon peu claire mais insistante, d'un genre de cristallisation des différences, telle que la pluralité n'est pas tant une réponse à la totalisation, qu'une anticipation des objections qu'on peut lui faire, plus ou moins légitimement ?

En partant, une fois encore, d'un état prospectif considéré proche d'un « stade terminal » de l'unification, nous poserons alors la question : *quelles objections fortes pourrions-nous faire à une « totalisation » du peuple européen ?* D'une façon surprenante, la première réponse qui nous vient, dans le cadre de cette problématique, ce n'est pas du tout : « il faut protéger la diversité des langues, des traditions nationales », etc. C'est bien plutôt : *si les Nations sont des positions dans une conversation, laquelle est en cours en Europe, qu'est-ce-qui justifierait de suspendre ou de limiter la fusion des points de vue ?* On remarquera que cette question n'est strictement jamais posée, tout simplement *parce qu'on ne considère pas que des Nations puissent être des*

Positions, et on ne le fait pas parce qu'un point de vue anthropologique sur la transformation des sociétés européennes n'est pratiquement *jamais* utilisé.

Or, ce que démontrent plusieurs études dont certaines enquêtes par entretiens réalisés par nous-même au début des années 2000 dans plusieurs pays d'Europe occidentale, c'est précisément que les Nations *sont* des positions et cela tout spécialement en Europe ! Au moins certaines d'entre elles, dans certaines circonstances ou pour une certaine durée.

Ainsi, dans un travail portant sur la perception respective de la loi et de la coutume (à propos des façons de conduire sur les routes) dans plusieurs grands pays européens fondateurs de la CEE, nous avons pu établir –au travers de centaines d'entretiens non directifs– qu'il existe au moins quatre types d'univers sémiotiques nationaux entrant dans ce qu'il faut bien appeler une « conversation inconsciente » de positions logiques. Elle est « inconsciente » parce qu'elle se déroule sans que les locuteurs aient l'intention et le sentiment de participer à un échange d'arguments : ils s'expriment comme s'ils produisaient de purs monologues, face à un enquêteur « neutre ». Et pourtant, chaque ensemble « national » de personnes a tendance, au-delà des différences purement individuelles des opinions, voire des différences catégorielles habituellement repérées pour découper des échantillons significatifs, à construire un type de discours dont la structure est la même. Cette structure discursive se présente alors, très clairement, comme un argumentaire *opposé logiquement* à celui des autres cultures nationales.

Par exemple, ce qui importe pour un Napolitain, c'est la différence entre l'art de conduire (et de régler la circulation entre citoyens) dans sa ville et le «droit de tuer » qu'il impute à un conducteur Milanais. Cette comparaison entre civilités urbaines n'existe pratiquement pas pour un Britannique, qui parlera plutôt de l'utilité de la loi pour tous et de son amélioration permanente, afin de permettre à l'individualisme le plus poussé d'exister sans risques pour autrui, la « société » étant la résultante de cette articulation individu-loi. La loi détermine ainsi non pas ce qu'est le *bon* conducteur, mais *the safe driver*.

Pour un Allemand, la problématique est encore différente : ce qui compte est la coïncidence entre la subjectivité découlant d'une culture construite en commun (une « gemeinschaft » en réciprocité d'attentes.) et la loi officielle. Si la coïncidence n'a pas lieu, alors le danger menace : la voiture peut être « rayée » par un jeune étranger non acculturé, la vitesse illimitée sur l'autoroute devient un risque, la sanction ou l'arbitrage auxquels concourt le policier comme « ami » peuvent être mal compris et entraîner de l'agressivité inutile, la « priorité » devient une cause majeure d'accident ; etc. En revanche, si la règle est considérée intégrée par le sujet-citoyen, alors nous sommes dans une *situation de félicité* où communauté et société sont « en amour ».

En France, où les communautarismes ont été largement estompés ou détruits, la loi n'est cependant pas considérée comme un instrument au service des personnes ni comme un double de la société. Quelque chose y demeure du Sujet souverain, même si celui-ci est censé être le peuple. De sorte que, derrière et au-dessus du Code, persiste un personnage de pouvoir arbitraire, qui commence avec le gendarme (dont on a encore peur, alors qu'on le méprise en Italie, qu'on le côtoie en Allemagne, et qu'on le « respecte » en Grande Bretagne). Le discours français sera toujours surdéterminé par la plainte –vaguement surjouée- contre l'arbitraire de la loi elle-même, ou son inadéquation, contre l'inégalité sociale en général. Ce discours spécifique ne se retrouve dans aucun des trois autres pays, le ressentiment se portant, quand il se manifeste, sur les habitants d'autres villes en Italie, sur les étrangers en Allemagne, et en Grande Bretagne, sur le monde extérieur non réglé rationnellement (et dont le «Continent » est un signifiant général, expliquant l'essentiel du rejet viscéral -et irraisonné- que fut le Brexit).

Quelle structure se dévoile-t-elle dans cette « conversation » ? Elle est simple : elle oppose comme d'ordinaire -pour tous les systèmes anthropologiques précédemment évoqués- deux principes et deux médiations : les principes opposés sont représentés par l'Allemagne (société+, communauté +) et par la France (société-, communauté-) ; les médiations par la Grande Bretagne (Loi+, Communauté-) et par l'Italie (Loi-, Communauté +)[70].

Cela dit, quand nous sommes tentés d'aller chercher notre calque passe-partout de la psychopathologie individuelle, et de le plaquer en transparence sur ce carré des rapports Loi / Coutume, il apparaît autre chose : le *manque* de tout référent possible en France donne l'impression d'un travail hystérique, lequel, dans une négation permanente des grands symboles (« ce n'est pas ça, non ce n'est pas encore ça ! ») propose une présence corporelle individuelle concrète dans un théâtre de protagonistes simplifiés, condensés en blocs (roi, peuple, nobles, église et leurs variantes contemporaines)

---

[70] Le très important modèle « ibérique » s'est révélé un isolat trop tourné vers l'extérieur, enclenchant le mouvement impérial-mondial bien avant les autres puissances, pour être consistant avec un partage métaphorique de « l'Europe de l'intérieur ». Il représente plutôt la « fuite » atlantique hors d'un modèle trop enfermant. Il y aurait tant à dire sur le sujet ! Nous le reprendrons plutôt au travers de réflexions sur l'Amérique dite latine.

où l'acteur s'engage comme support individuel représentant directement la « catégorie ».

Cette présence comme « personnage catégoriel » se retire vers une « pure individualité libre» dans le modèle britannique (qui deviendra une source de la civilité américaine et canadienne) pour laisser place à un agent *rationnel*, littéralement agi, dans son choix supposé, par la règle mécanique valant pour le système.

Enfin, à la place de la passion germanique pour unir dans un même Sujet complet la loi pour tous et l'interaction singulière, ne pouvons-nous pas aisément retrouver ce « Sujet souverain » dont nous avons fait plus haut le signe du paradoxe culturel et celui, hélas, de sa tendance « paranoïaque » à expulser la culpabilité sur celui qui ne partage pas absolument cette culture de complétude ?

Cette question peut sembler terriblement déplacée au stade de l'unification européenne, et en un sens, elle l'est : l'anthropologue n'est pas obligatoirement poli, ni inféodé aux politiques -éminemment souhaitables- d'atténuation des rivalités et des « agonismes » latents.

Il faut néanmoins préciser que, tout comme nous ne traitons pas Marcel Mauss et Alain Caillé de « paranos » parce qu'ils cultivent l'idéal d'un sujet mécaniquement transcendant du Don (lié par « l'obligation » de détermination dans le dispositif d'échange), et que nous ne considérons pas Clifford Geertz comme « schizo » parce qu'il pointe des objets séparés, pulvérulents et flous comme ceux d'une anthropologie « pluraliste », nous n'en sommes pas non plus réduits à insulter les peuples comme s'ils ne consistaient qu'en folies ou en névroses.

Ce sur quoi il faut *cependant* tenir bon, c'est que, lorsqu'un peuple forgé dans sa culture nationale manifeste des excès ou des défauts, ce sera presque toujours dans la pente que lui prescrit la structure culturelle globale : la « demande » française au pouvoir, si exaspérante et stérile par moments, la « sévérité » allemande parfois très sensible vis-à-vis de « l'autre culture », le cantonnement urbain et régional de beaucoup d'Italiens du XXIe siècle, la « froideur » calculatrice du monde anglo-saxon, tel qu'observée depuis Max Weber au travers de l'éthique puritaine, tout cela existe bel et bien, si stéréotypé que cela paraisse, et justement *parce que la culture humaine procède essentiellement par stéréotypisation.*

Il faut alors reconnaître ce que les acteurs auront du mal à faire : que ce qu'ils croient être leur essence singulière n'est que l'effet d'une *distribution* de positions métaphoriques certes, mais d'ores et déjà prescrites par la logique. Celle-là même qui va, en continuant sa marche, changer peu à peu la métaphore en métonymie puis en catachrèse, et enfouir finalement le débat sous la certitude catégoriale.

Ainsi, lorsqu'une aire culturelle comme l'Europe occidentale est mobilisée par la métaphore centrale d'un progrès vers « l'unité par la loi » (au point que la plupart des grands immeubles de l'administration européenne à Bruxelles sont précisément regroupés le long de la *rue de la Loi* !), il est attendu par l'anthropologue qu'elle va se diviser en positions la concernant, mais en positions toujours plus rigides et tranchées, en dépit des affirmations conscientes du contraire.

Alors, existe-t-il division plus *logique* que celle opposant loi et communauté de coutumes « non écrites » ? Et comment faire, en acceptant cette comparaison, sinon en privilégiant soit l'une soit l'autre, soit toutes, soit aucune ?

Le lecteur, que nous espérons intéressé, peut aussi hausser les épaules et critiquer un pur effet de construction. Nous lui conseillerons alors de passer le plus de temps possible au contact direct des gens dans les pays étudiés, de respecter un protocole d'enquête objectif, de n'oser aucun questionnement inductif, d'opposer un silence quasi-psychanalytique aux demandes de soutien des opinions, bref de recourir à une méthodologie sérieuse. Ensuite, il pourra revenir à nous, fort de ses résultats. Nous parions que ceux-ci seront toujours aussi dépendants des « sphères sémiotiques nationales », voire même de plus en plus, et que chacune d'elles se disposera exactement comme si elle s'opposait aux autres dans un carré logique. Nous attendons de pied ferme et avec grand intérêt une contre-démonstration !

Ce que cette « histoire » enseigne au fond à l'anthropologue, c'est que la métaphore (la mise en « plus-que-comparaison » et donc en débat) de n'importe quel état d'unification s'établit dans les termes de la question posée à un moment et un endroit précis. Par exemple, comme nous l'avons vu, entre quatre possibilités de positionnements du monothéisme, ou encore entre quatre acceptions du rapport Loi / Communauté en Europe occidentale. De nombreuses autres structures métaphoriques de grande amplitude peuvent être découvertes : elles seront toujours « étiquetables » par les signifiants qui gouvernent leur conversation sociétale particulière, et programment du même coup leur propre évolution réciproque en direction d'une structure de plus en plus rigide et de plus en plus autoréférente[71].

---

[71] Rappelons une fois encore que le modèle tétralogique n'est pas arbitraire ni formel : il s'agit de la cristallisation la plus simple d'une *opposition* (fondement de toute métaphore comme acte de parole) en incluant les mouvements variés de *médiation* d'un pôle à l'autre.

L'Evolution nord-américaine
de la problématique européenne :
le mythème de la spiritualité mécanique.

En quittant l'Europe, il est important d'observer certains de ses effets et de leurs déformations dans les colonies de peuplement américaines. En particulier, le choix privilégié par l'Amérique du Nord du mythème de l'homme robotisé et désincarné en information systématique, ce qui est, par exemple, exploité par la fort angoissante série « Black Mirror »[72]

Il y a là *poursuite* d'une obsessionnalité telle que Freud la reproche déjà à l'Homme de la Renaissance (Léonard de Vinci) lorsque, selon lui, *il perd son temps à fabriquer de petites machines* au lieu de se consacrer à son art.

L'aboutissement moderne de cette tendance est bien illustré par cette fascination apparemment énigmatique des Américains : se laisser dévorer par la machine systémique globale, le corps gonflé et transformé par des substances chimiques combattues par d'autres substances chimiques, le tout retravaillé, « augmenté » par l'élaboration et la mise au point de membres robots. Y participe aussi la

---

[72] On étudie ailleurs le choix privilégié par l'Amérique latine à partir du mythème *euphémisé* du Zombi : à savoir, celui du « père intermittent », si puissant pour expliquer les oscillations entre phases de charismes dictatoriaux « de gauche ou « de droite ».

puissance étonnante des mouvements dont la convergence semble bien viser dans un imaginaire de science-fiction et au-delà de tout but conscient, l'élimination de toute différence sexuelle et surtout de la différence dans la charge corporelle de la génération et de l'élevage des enfants.

Mais cette énigme se laisse expliquer quand on la relie au mythème proprement américain de la coupure entre Esprit et Corps, laquelle représente simplement dans la tradition créole *l'arrachement* des habitants du nouveau monde à leur ancestralité européenne et africaine. Cette coupure *entre générations et continents* comporte deux bords, conduisant à deux choix opposés, dont le cinéma hollywoodien nous inonde depuis un demi-siècle : soit on choisit le corps, et l'on devient une horde de Zombis décérébrés, guidés par leurs seules pulsions bestiales... mais désexualisées. Soit on choisit l'Esprit, qui, dans son ineffabilité même, s'incarne comme comput, calcul absolument exact, et donc pur en tant que vérité spirituelle, par rapport aux grossiers mensonges et illusions de la chair, à laquelle, comme aux origines du christianisme, il faudrait renoncer par *encratisme*[73]. Comme la vérité factuelle peut

---

[73] Volonté de renoncer à avoir une descendance : position fréquente chez des stoïciens et les premiers chrétiens, saisis dans l'angoisse de la dégénérescence de l'Empire.

être injectée par rétroaction systématique dans la machinerie computationnelle, le désir d'être Esprit se confond tendanciellement avec celui de devenir machine, *cyborg*, c'est-à-dire organisme « pilotable », selon le néologisme de Norbert Wiener dont les adeptes en construisent aujourd'hui le culte planétaire.

Un corollaire -encore discret malgré la présence insistante et récurrente de « philosophes de la cyborgisation » après le délire *« genderless »* de Donna Haraway- est, bien sûr, le transfert de la gestation et de l'allaitement à une machine sociétale, les Humains devenant parfaitement égaux dans la castration générale[74].

Le seul « choix » de l'idéal religieux correspondant est une psychose manifeste, mais une psychose collective et partageable. Ne nous y trompons pas : le matérialisme scientiste transposé sur l'information est la *métaphysique* sous-jacente unifiant l'inconscient des christianismes américains : l'option *Esprit* occupe la plupart des résidents de cet asile à ciel ouvert qu'est la *Silicon Valley*. Elle n'est que la poursuite du vieux rêve gnostique fondateur du concept de *Saint Esprit* et qui sévit dès l'origine de la dérive christique du meurtre symbolique du Père[75]: celui-ci ne peut en effet être pensé

---

[74] La mode actuelle de la sexualité « sans pénétration » est un bon indicateur de cette tendance.
[75] Sur ces questions : Rudolf Bultmann, *Le*

comme inséminant charnellement la Sainte Vierge sans provoquer une réaction phobique tournant vite à la colère furieuse[76]. Pourquoi les Etats-Unis (davantage que l'Amérique Latine surtout travaillée par les religiosités vodou[77]) forment-ils un réceptacle idéal pour ce choix métonymique ou même catachrétique, d'un gommage du corps biologique (dénigré en *viande*[78]) par la pure volonté calculatrice du

---

christianisme primitif dans le cadre des religions antiques, Payot, 1969. Raoul Vanegeim, *La Résistance au christianisme. Les hérésies des origines au XVIIIe siècle,* Fayard, Paris 1993. Peter Brown, *Le renoncement de la chair. Virginité, célibat et continence dans le christianisme primitif,* Paris, Gallimard, 1995.

[76] Il est d'ailleurs frappant que, dans les textes évangéliques, le seul moment où Jésus quitte son attitude de parfaite douceur est celui où il menace de la damnation toute personne *mettant en cause le Saint Esprit.* C'est aussi le cas pour Ignace de Loyola qui avoue avoir désiré fendre en deux le musulman qui avait osé mettre en doute la virginité de Marie. Il faut contourner l'allusivité pudibonde des textes pour comprendre ce qu'est clairement le *rôle attribué au Saint Esprit* : engrosser la mère du fils divin au nom de Dieu.

[77] Et donc par une variante du mythème du Zombie. Ce qui peut s'expliquer par la relative absence des sectes protestantes pendant la conquête ibérique. La dominante *Jésuite* a, certes, induit une spiritualisation et certains effets comparables (dont l'atténuation de la libido chez des Indiens Guaranis des *Réductions*), mais pas suffisants pour hypertrophier le discours sur le rêve de devenir Esprits, et donc machines.

[78] A noter un petit trait nord-américain pratiquement présent dans tout film grand public : les « Bons », qui n'arrêtent pas d'user du mot « shit » (merde) tout comme les « Mauvais » *(Bad Guys),* doivent toujours y *vomir* au moins une fois pour exprimer leur dégoût devant un

Bien pour Tous ? Plausiblement, parce que les puritanismes d'origine calviniste y ont été plus puissants qu'ailleurs, et parce qu'ils représentent justement une reprise de l'idéal eschatologique (de la fin du monde physique) que les Catholiques sont censés avoir abîmé par *leur goût immodéré -et facilement pardonné- pour la reproduction.* Les sociétés influencées fortement par les protestantismes -et surtout le calvinisme- ont eu tendance à séparer à nouveau les corps (au pluriel) et l'Esprit (au singulier totalisant), dont la vérité pure garantit le Bien.

C'est d'ailleurs pourquoi la densité de croyants transhumanistes est plus forte dans ces cultures qui visent, consciemment ou non, la désincarnation par la transfiguration du réel en chiffres, que permet la pensée computatrice.

Là encore, lectrices et lecteurs auront ressenti l'aspect *désagréable* du froid constat anthropologique lorsqu'il est appliqué à un trait central de nos propres sociétés, même si la source en réside dans un passé multimillénaire. Mais devrions-nous éviter de réfléchir posément sur une orientation de masse qui investit désormais nos pensées et celles de nos enfants grâce aux technologies imaginées *précisément* dans le but de la propager ? Ce serait une bien étrange démission devant des effets cruciaux de la culture parolière saisie dans la longue durée.

---

spectacle insupportable, généralement caractérisé par une mise à mort.

Ainsi de son douloureux paradoxe entre le ressentiment de chaque Sujet à l'égard de la métaphore orchestrale, et la tendance de ce ressentiment à s'exprimer et à s'installer dans des catégories identitaires. La réinvention postmoderne du « genre » (*gender,* non *kind)* est l'une de celles-ci. Couplée à l'idéologie victimaire poussant toujours les masses à décréter la peine de mort (ou une suppression vitale équivalente ou pire) pour le personnage immanquablement saisi comme « coupable » à l'encontre d'un bisounours infantile ou féminin, cette catégorisation[79] s'oriente toujours davantage vers le meurtre collectif des « pères réels » afin de libérer la Matrix englobante universelle[80].

Cette tendance incontrôlée dévie du meurtre du père symbolique, mais en procède aussi invariablement. D'où la question qui sous-tend constamment le présent travail : *est-il possible de « modifier » le cours d'une conversation historiale de telle manière qu'elle s'oriente vers des « solutions » moins totales, moins « réelles » et moins folles ?* Et la réponse très relative que nous lui apportons ici : c'est probablement dans la pluralisation, qui a

---

[79] Rappelons que *categoria* signifiait *condamnation* en grec classique.

[80] Elle peut encore être aussi régionale comme la thématique maternante de la 'Ndrangheta, la mafia clanique calabraise de plus en plus puissante dans toute l'Italie du Sud.

toujours été à l'œuvre à n'importe quelle échelle de culture que nous devons chercher *une piste temporairement salvatrice*. Et ici, curieusement, s'impose à nous la réminiscence de *Tanguy*, le merveilleux film d'Etienne Chatiliez, qui travaillait si bien en 2001 nos obsessions occidentales au regard de la culture asiatique[81].

Les positions du sujet en Asie orientale

Il serait abusif de prétendre résumer en quelques formules d'immenses aires civilisationnelles, mais nous admettrons (avec François Jullien ou de nombreux spécialistes du dialogue Orient-Occident), que la conversation organisée depuis des siècles par la culture chinoise ne peut adéquatement se saisir dans le signifiant « Loi » qui obsède les Occidentaux depuis la cité grecque, et dont est dérivée la question de la mesure comptable et mathématisable.

Cette culture rayonnant sur une large partie du monde à partir du « sinogramme » paraît plutôt centrée par un *vide* parfait *représentant* le *Soi,* et que l'on atteint par la répétition, tout comme il faut répéter des milliers de fois le geste du calligraphe pour maîtriser l'expression

---

[81] Au point que celle-ci fait retour en 2019, dans une œuvre cette fois nettement teintée d'inquiétude identitaire « européenne » !

d'un idéogramme, mais aussi la personnaliser *en se livrant au hasard du geste*. La question de l'identité –et donc du sentiment partagé- parait ainsi solidement ancrée au cœur des trois sagesses (Taoïsme, Confucianisme, Bouddhisme), voire de leur écho primordial, l'hindouisme, qui traitent chacune de la position assurant le Sujet –unifié comme corps et esprit- face à la nature, la société et la mort. Observons seulement que cette question se décline elle-aussi dans quatre directions logiques possibles, dont chacune va être –curieusement- plutôt assumée par l'une ou l'autre des « sphères nationales » associées dans le même débat. Ce qui, en un sens le ritualise et le fige, comme la marelle fige le jeu du saut à cloche-pied. On peut, par exemple, ou bien *être soi*, ou bien *être l'autre*, mais on peut aussi, de manière moins abrupte, plus progressive, soit *apprendre de l'autre*, soit *absorber l'autre*. Ces quatre possibilités, qui sont explorées dans l'ensemble des arts martiaux orientaux, se retrouvent indexées de préférences affirmées dans tel ou tel pays. Ce qui manifeste leur liberté, mais les attache aussi au « jeu d'Extrême Orient » le plus conventionnel qui soit.

Par exemple, pendant longtemps une position fermée envers l'autre –pour être un Soi plus grand que celui de l'ethnie « zomienne »[82]-

---

[82] On réfère ici au travail de J. C. Scott, *Zomia, ou l'art de ne pas être gouverné, Seuil, 2013, qui traite des*

a été maintenue en Birmanie (soit... par le *soi* national-étatique et donc militaire, soit... par le *soi* bouddhiste et donc global-identitaire.

La position consistant à *devenir l'autre* est explorée en Corée, soit au Nord (devenir plus staliniens que Staline), soit au Sud (devenir plus chrétiens que les Occidentaux)[83]. Des positions intermédiaires se retrouvent par exemple en Chine et au Japon, *l'absorption* de « l'inquiétante altérité » étant privilégiée par la Chine par le mécanisme agglutinant de la culture écrite des Han[84], tandis que « *l'apprendre de l'autre –l'envahisseur océanique-* » a été très rapidement mis au point –sur la face extérieure du chapelet d'îles allant des Philippines aux Kouriles russes-, par la

---

stratégies multiples des peuples d'Indochine se soustrayant aux attractions des grands Etats-rizière.

[83] L'irruption d'une fusionalité inattendue, peut-être sous les coups de boutoir du provocateur Trump confirme cette vocation : chacun voulant être l'autre, le Nord désire le Sud, et le Sud, le Nord ! Cependant, à trop désirer s'épouser, il est bien possible que chaque dirigeant aille *trop* loin vers l'autre, préfaçant ainsi d'intéressants épisodes de rectification identitaire. On peut ainsi imaginer une « direction «asiatique» à la fois anti-russe et anti-américaine. Une anticipation de cette tendance pouvait être saisie dans l'art cinématographique, trop peu étudié par les anthropologues : ainsi de *The Flu* (*Pandémie*) film-catastrophe sud-coréen de Kim Sung Soo, et qui montre en 2013 la réconciliation des élites et du peuple contre la volonté génocidaire attribuée... à l'ambassade américaine à Séoul !

[84] Sans laquelle Mao Zedong n'aurait jamais pu réussir la longue marche ni ses conquêtes successives du pouvoir impérial.

résilience japonaise envers l'Occident, et cela dès le XVIIe siècle.

On pourrait dire que, tout comme en Occident, la tendance vers l'Un est irrésistible en Extrême-Orient, mais que le moyen pour y parvenir est plutôt dans un cas le *mécanisme* que permet la loi (la règle), tandis que dans l'autre c'est la *condensation* entre la lettre et l'être, fixant le sens dans le corps de chacun comme lettre-personnage stylisé[85]. A noter, avec un brin d'ironie, que le but unificateur…est déjà raté *dans l'un et l'autre cas,* puisque il existe justement des Occidentaux (centrés par la Règle) et des Orientaux (plus ou moins sinisés) centrés par « le sens » ! Sur ce point, d'ailleurs, nous n'imposerons pas au lecteur de trop conjecturer sur le caractère structural de l'ensemble des cultures déposées en Eurasie, entre Est, Ouest, Nord et Sud.

Mais on pourrait au moins oser l'hypothèse que la stratégie chinoise « à l'identité » ayant été déployée la première (et fort tôt) sur une vaste échelle, et associée aux propagations du modèle dit du « despotisme oriental », il ne restait plus aux petites sociétés occidentales présumées barbares que l'alternative logique de

---

[85] Certes, la calligraphie retient de l'indétermination poétique, mais n'oublions pas qu'elle a aussi permis à Zédong (un membre célèbre de la famille Mao) de vendre sa conception totaliste de la société sous couvert de maîtrise de la poésie. Mais qui osera, encore aujourd'hui, rappeler que Zédong était un fort médiocre poète ?

la « loi » pour accomplir leur propre intégration civilisatrice. Cette conjecture n'étant pas absolument délirante *pour autant* que l'on accepte qu'il n'existe que ces deux médiations principales possibles à l'opposition Sociétal/Familier.

Sans trop solliciter l'imagination anthropologique du lecteur (déjà durement éprouvée), nous lui demanderons de conserver de curiosité pour en considérer l'énigme : est-ce que le fait que les Chinois soient *Chinois* et les Occidentaux *Occidentaux* pourrait être l'effet d'une *correspondance culturelle* plutôt que d'un pur hasard ou d'une pure détermination géographique ? Est-ce que la formation des grandes métaphores et de leurs oppositions pourrait fonctionner aussi sur des espaces continentaux gigantesques ? Ainsi, est-ce que le caractère hanzi (représentant par exemple l'humain comme un bipède courant n'est pas, sur un certain plan, l'opposé le plus substantiel de la structure *verbale* qui se veut *logique* et fondatrice de la « loi ». Logos –parole, en grec- est apparenté aux mots évoquant l'usage de la langue physique (lingua- en latin), comme lécher ou déglutir. Les mouvements très précis de l'organe sont aussi utilisés pour produire une collection de phonèmes déterminés que l'on articule pour former (y compris par écrit) aussi bien le mot « homme » que n'importe quel autre

dans de nombreuses langues, dont le Mandarin
(« rén » = « homme »).

Comme s'il n'existait, pour de vastes formations sociétales impériales (Han, Romains), guère d'alternative possible à deux hégémonismes culturels structurants : l'écrit et l'oral (*en dehors* même du fait qu'ils vont par ailleurs se combiner) ? On pourrait soutenir en ce sens que le Chinois serait moins une écriture du Mandarin qu'une « langue écrite » autonome, et le Latin moins une « langue écrite » que l'écriture de la langue orale. La difficulté de ces formules est levée quand on se souvient que le « sens » des caractères hanzi peut être *directement compris* par les Japonais, les Coréens ou les Vietnamiens lettrés, alors que les mots formés en d'autres langues orales avec les caractères alphabétiques latins ne seront compris *que* par les usagers de chacune de ces langues. Là réside peut-être un *choix* anthropologique binaire entre « langue écrite » et « langue orale ».et non transposable à d'autres oppositions aussi profondes. Par ailleurs, est-ce que le tourbillon turco-mongol et la (vraie) route de la soie n'auraient pas transporté et dispersé aux quatre coins du monde *bien autre chose que* des marchandises ?[86] Bref, est-ce que la pluralité

---

[86] Dans son *Histoire de l'empire mongol*, (Fayard, 1993) Jean-Paul Roux écrit : «Il y eut dès la fin du XIIIe siècle, et plus encore au XIVe, un renouveau culturel, tant

encore actuelle du monde humain ne tient pas à la capacité métaphorique de changer *en pôles opposés* tout ce qui s'oriente vers l'unité et l'unicité ?

La matrix indienne et ses quadruplés

Comme indice *a contrario,* nous donnerions l'exemple *d'un retour à l'unicité* par la voie de la hiérarchisation d'une pluralité construite pour supporter l'accroissement du nombre: le *régime des castes.* Citons Claude Lévi-Strauss : « Ce *problème* du nombre, écrit-il, l'Inde s'y était attaquée il y a quelques trois mille ans en cherchant, avec le système des castes, un moyen de transformer la quantité en qualité, c'est-à-dire de différencier les groupements humains pour leur permettre de vivre côte à côte. Elle avait même conçu le problème en termes plus vastes : l'élargissant au-delà de l'homme à toutes les formes de la vie. La règle végétarienne s'inspire du même souci que le

---

en Chine qu'au Proche-Orient, dont portent encore témoignage de belles architectures, un des plus grands observatoires que l'Asie ait construits, des écrivains, des artisans, des peintres. Il y eut un extraordinaire brassage de populations, qui conduisit des Caucasiens à Pékin, des musulmans au Yunnan, qui permit à l'Iran de féconder la Chine, et la Chine, l'Iran. Il y eut ce flot continuel de gens qui traversèrent l'Asie, un flot comme on n'en avait jamais enregistré, et comme on n'en enregistrerait plus avant l'époque moderne. Il y eut enfin ce règne de la tolérance. »

régime des castes, à savoir d'empêcher les groupements sociaux et les espèces animales d'empiéter les uns sur les autres, de réserver à chacun une liberté qui lui soit propre grâce au renoncement par les autres à l'exercice d'une liberté antagoniste. Il est tragique pour l'homme que cette grande expérience ait échoué, je veux dire qu'au cours de l'Histoire les castes n'aient pas réussi à atteindre un état où elles seraient demeurées égales parce que différentes –égales en ce sens qu'elles eussent été incommensurables- et que ce soit introduite parmi elles cette dose perfide d'homogénéité qui permettait la comparaison, et donc la création d'une hiérarchie.[87]»

Nous n'irons pas jusqu'à imaginer que si les Indiens avaient trouvé une solution « pluraliste » au maintien des castes comme positions « égales » dans une *politéia,* ils seraient sans doute tombés sur une tétralogie et sur son étoilement. Mais aurait-il existé une alternative ?

En tout cas, ce qui nous semble clair, à la pratique personnelle répétée[88] *des Indes* (qu'il

---

[87] Claude Lévi-Strauss, *Tristes Tropiques, IV La terre et les hommes.* Chapitre XVI, page 139 (Gallimard, la Pléiade, 2008 (1955).

[88] Dont une recherche socio-anthropologique sur les effets d'un déplacement massif de populations autour d'un lac au sud de Vârânasî, (menée en tandem avec l'indianiste Gérard Heuzé) et plusieurs séjours familiaux à la Nouvelle Delhi et dans diverses régions du Nord, du Sud et du Centre.

vaut mieux dire au pluriel autant que pour ce qui concerne leurs Dieux), c'est qu'elles ne martèlent leur croyance dans la hiérarchie, que parce que, pour elles, *c'est la roue du temps qui rétablit à terme lointain les égalités comptables.*

Autrement dit, nous pourrions suggérer que les Indes forment le monde culturel de l'égalité s'établissant *dans le temps,* tandis que l'Occident des monothéismes est le monde du jugement transcendant des égalités *dans l'espace.* Nous sommes donc infiniment pressés de porter des jugements comparatifs, tandis que les Indiens paraissent recevoir et distiller toutes nos énergies exaspérées (pour leur vendre des *Rafale,* notamment !) en les étalant dans une temporalité toujours différée.

Si j'avais à parier, je miserais finalement plutôt sur eux que sur l'Occident si impatient de normaliser et de réformer sans cesse. Il est même possible que le principe d'identification au temps long cosmologique emporte les formations militarisantes des capitalismes japonais, coréens et chinois. Précisément parce qu'elles ont le défaut, en lorgnant l'Occident (qui les entraîne à son rythme malgré elles[89]),

---

[89] Que les taux de croissance chinois ou indien se déchaînent et effraient l'Occident sont seulement des signes spontanés d'une mise en marche qui vise la ressemblance ou l'alignement, et n'est pas un phénomène endogène. Il est vrai que quand des éléphants se mettent à courir, ça fait du bruit et de la casse. (N'oublions pas que corruptions, abus de pouvoir, endettement et pollution

de croire que l'homogénéité dans les instants maoïste ou capitaliste vaut *pour* l'éternité du Soi.

Ceci, on l'aura soupçonné, fait apparaître une *autre* tétralogie, non déclinée à partir du modèle chinois, mais réintégrant celui-ci : il y aurait ainsi une interprétation *temporelle* (indienne) de l'accomplissement identitaire, une interprétation *spatiale* (chinoise), et deux aires de transition et de compromis :

-l'Indochine comme compromis à dominante bouddhiste (temporelle), et protégée jusqu'ici par l'éternel retour *fragmenteur* de la sylve moussonique[90].

-Le monde de l'Asie centrale et de ses immenses steppes à régime climatique brutal, où *l'espace* dominerait (ainsi que l'Islam, version hiérarchique du thème occidental du souverain juge), mais sous attraction du thème temporel, protégé par le côtoiement massif du sous-continent indien, à l'abri de l'Himalaya.

Ne soyons pas trop dupes de nos propres élans théoriques : Il existe évidemment des complexités, d'infinies nuances transitionnelles, des effets d'intrication, d'enclaves et d'archipels. Néanmoins, n'ayons pas peur de l'effet de globalité qui, pour être devenu si visible, n'en a pas moins une longue histoire. Il

---

massifs accompagnent le mouvement et en indiquent la limite à venir).

[90] Eternité aujourd'hui de plus en plus menacée.

faut ainsi assumer l'existence de l'Occident comme *présence lointaine mais structurante* : il ne représente pas seulement la spatialité (comme principe d'égalisation des statuts de contemporains sur l'espace du droit impérial antique[91]), mais aussi et surtout celui de la personnalisation divinisée de la justice nivelante.

L'Orient, ici, garderait de la spatialité, mais diminuée du jugement par un grand Sujet obligatoirement solitaire. Ce n'est pas une culture du « témoin » ni de la « mesure » comptable du jugement, mais plutôt celle de l'incarnation de la rencontre directe des multiples Sujets finissant par produire des équilibres incertains et pourtant massivement stables... sauf quand ils sont investis par les idéaux occidentaux de rigueur calculatrice abstraite promettant une puissance sans limite. A cette échelle, la tétralogie inévitable de toute entité culturelle (entre principes opposés entre eux et médiations également opposées) imprimerait donc physiquement sa logique en profitant des contrastes écologiques entre les immensités et les altitudes, comme la parole vocale a profité des contrastes autorisés par les organes phonatoires.

---

[91] Principe à la fois massif (comme l'accès de tous les hommes libres à la citoyenneté par les édits de Caracalla) et contrarié (par le maintien des différences entre honestiores, humiliores, pérégrins, etc.).

On pourrait alors la schématiser ainsi (en élidant les nombreuses nuances et mixités) :

Oppositions de principes :

Occident = Espace / contemporanéité / Jugement transcendant mais égalisateur, Obsession de la loi formelle « pour tous »…

Indes = Temps / Problématique égalisatrice entre groupes mais transposée dans la durée.

Indochines Temps / durée / position identitaire.

Oppositions de médiations :

Chine, Corée, Japon = Espace / contemporanéité / position identitaire empirique (principes confucéens d'autodiscipline dans et pour le « tout » (non la Loi en soi.)

En suivant ce modèle indicatif, nous pourrions suggérer que la Chine est plus proche de l'Occident par sa visée homogénéisante dans l'espace du contemporain, tandis que ce sont les Indes qui s'en rapprochent quand on rapporte (au contraire de Louis Dumont) l'obsession temporalisante à un souci de rétablir des égalités ou des équités *au long cours* (dans l'optique gandhienne, par exemple).[92] On notera aussi l'extrême induration de la rupture entre modèle musulman et modèle cosmologique sur

---

[92] Pour approfondir la question de l'Asie orientale et de la Chine comme pôle culturel, voir notre livre : *La pluralité, solution géo-anthropologique à la mondialité,* Editions du Translatador, Paris, 2018

les territoires qu'ils partagent. L'explication suivrait la logique des deux modèles sous-jacents (moghol et védique), sans pour autant s'adonner aux injonctions superficielles de Samuel Huntington : L'islam –même turco-mongol- a fini par personnaliser le ciel en reprenant l'héritage de droit gréco-romain christianisé, installé pour mille ans dans la Rome riche et transculturelle qu'était l'Urbs du Bosphore (où la compilation canonique justinienne fut élaborée, en récupérant la tradition occidentale).

Au contraire, Mother India, (ou Guan Yin, sa sœur bouddhique émigrée en Chine) s'est ancrée dans une transition éternisée : entre un animisme émergeant en polythéisme philosophique, et régulation globale par le temps concaténé des *karma* avant l'accès au *Nirvana*.

Cette bifurcation, véritable ligne de sépa-ration de deux continents culturels géants, correspond, il faut bien l'estimer et l'assumer, à un débat logique fondamental *sans solution*. On peut le résumer ainsi (en défiant les millions de pages constituant le corpus historique de ce débat au long cours[93]) :

---

[93] Audace qui s'appuie sur le détour d'une anecdote : Lors d'un déplacement en voiture au cœur de l'Inde en 2016, j'assistai à une discussion fort civile de plusieurs heures entre « mon » chauffeur –musulman- et un ami hindu. Le débat central qui demeura non conclu par ces deux théologiens, était strictement celui avec lequel est conclu ce chapitre.

-pourquoi faut-il multiplier les divinités alors que l'univers est unique ?

-parce que ce sont des aspects variés du même monde et qu'on ne peut demander aux gens de tout appréhender d'un seul coup.

-Mais cela n'entraîne-t-il pas un moindre respect pour la volonté de faire ce monde incluant tous ces aspects ?

-Le sage peut y parvenir mais après des errances.

-Le jugement unique d'un seigneur-créateur unique sur la valeur récapitulée d'une âme incarnée est moins cruel que la répétition sans fin des karmas imparfaits, des errances.

-La promesse d'un enfer éternel est cruelle, et disproportionnée à la vie d'un individu.

-C'est pourquoi le pardon divin lui est préféré, sans nier la souveraineté.

-Pourquoi faut-il que le pardon ne vienne pas de l'univers lui-même en y élevant finalement tous les hommes ? Pourquoi lui donner forme d'une parole humaine tranchante et irréversible, supérieure à toutes les autres ?

-Parce qu'en supprimant l'autorité de l'auteur suprême, on se perd dans les méandres infinis de l'incertitude.

-Non, si le temps se saisit d'un coup, et que la mort est vécue hors du temps.

-C'est l'idée de pardonner à tous, même les méchants incurables, qui n'est pas tolérable.

-Mais pourquoi les faire souffrir éternellement pour des actions limitées dans le temps ? N'est-ce pas pousser les croyants à soutenir un Dieu vengeur et agressif ?

-Il est surtout miséricordieux, Le seul acte (ou karma) dont il nous tient responsables étant la reconnaissance de sa transcendance.

On commence à voir ici une « force de Coriolis » qui engage une circularité. Seul permet d'en sortir un déplacement du débat sur le rôle « non négociable » du Grand Sujet unificateur qu'il faut imposer aux idolâtres (« associateurs » d'images ou de personnages à Dieu »), mais aussi restaurer chez les gens du Livre, et notamment les Chrétiens décadents ayant poussé à l'installation du Fils à la même hauteur que le Père. Ici d'ailleurs, l'Islam en tant que religion occidentale constituée « tout contre » la romanité, reprend de l'extérieur le rôle tenu par l'arianisme à la tête de l'Eglise impériale. C'est en fait la version « patriarcale » de la religion étatique devenue dogmatiquement trop « égalitaire » au goût de nombre de peuples circonvoisins assujettis, mais demeurés plus fréquemment au « stade » d'une société d'alliance de familles, telle qu'elle avait été encore un millénaire plus tôt pour la Rome républicaine.

Pourquoi, même en parcourant les chemins multiples de chacune des deux grandes « croyances » (dans le juge d'un jugement universel instantané, et dans l'autoproduction de la destinée de chacun rejoignant l'universel par la succession de vies étant autant de chances d'un apprentissage de la sagesse) pouvons-nous en déduire que leur débat ne peut se conclure, même dans l'équivoque ou l'œcuménisme ?

Parce que chaque thèse affirme une part de « vérité plausible » articulée à un dogme rendant la rencontre *exactement impossible* avec l'autre : ainsi, la totale liberté arbitrale du juge paternel divin rend-elle illusoire la moindre liberté des individus jugés. Le Karma devient « illogique », puisque le seul acte libre valide ne peut être que celui de l'unique créateur du « Tout ». Par extension, ce « créateur » peut être représenté par toute institution validant la liberté « octroyée » à chacun, l'institution en question valant alors pour le Sujet-Juge en général.

Inversement, pour ceux qui partent de leurs propres décisions d'agir (vers un bien ou un mal), il est absurde de prétendre que ces décisions sont déjà entièrement programmées *à leur place* par un créateur ou une institution mandataire. Mais c'est alors le refus de l'existence de ces derniers qui se met en place, soit en version persane du « mauvais démiurge », soit en version hindoue de sa dissolution dans le Réel incluant sa propre éternité, et surplombant de sa substance inconnaissable les bribes de discours cérébralisés que nous nommons « conscience ».

En réalité, la conflictualité explosive émergeant de la rencontre (même très polie) entre les deux porteurs de dogmes concerne des

« vérités » cachées *encore plus inadmissibles* : pour l'anthropologue, il est clair, par exemple, que la liberté du choix du karma personnel recèle une autre liberté : celle des « jati » quasi-endogames les mieux dotés, en tant que vastes et puissants groupes corporatifs. De même, il est clair que le créateur du Tout, omniscient du passé, du présent et de l'avenir, offre une bonne couverture à l'autorité la plus incontestable possible du chef insigne de la plus puissante tribu, notamment face à la montée des jeunes prétendants à la puissance sexuelle et matérielle.

Nous ne trancherons pas ici la querelle ni par le sabre ni par le kriss, mais nous ferons seulement remarquer, en observateurs quelque peu avertis de ce qu'il advient au niveau du sol terrestre (où nous vivons tous) : que la liberté, qui est toujours celle de tous les Sujets de leur parole, est un trait culturel que l'on ne devrait pas attribuer seulement à Un au-dessus de tous les autres, mais pas non plus à l'ensemble des actions possibles, souvent naturellement ou socialement contraintes. La reconnaissance et la limitation de la liberté sont, certes, des affaires empiriques dont on ne peut décider à la place des gens et des Etats. Sauf pour ce qui concerne l'engagement en parole, dont la réduction au nom d'un discours de vérité... ne peut que détruire cette dernière. Or, les grandes idéologies que nous avons évoquées tendent toutes, à un moment ou à un autre de leur histoire, à s'attaquer par un biais ou un autre à ce Sujet individuel soutenant le collectif et finalement à l'étouffer par l'une des quatre positionnalités qui permettent sa censure, en affinité avec un certain contexte favorisant l'une ou l'autre.

Le grand risque d'une société humaine mondialisée, ce n'est pas tant son unicité (et donc à terme son unité) prise en soi. C'est qu'elle sera —et est déjà- fortement tentée de réduire et de contrôler au nom du Bien la liberté de chacun de ses Sujets, pourtant *nécessaire à son existence même* comme société. Et cela en amalgamant d'une façon ou d'une autre les quatre grandes façons passées et encore actuelles d'affirmer du pouvoir légitime :

-les Solidarité globale ou spécifique (dans la dimension des principes).

-la Loi ou le Juge (dans la dimension des médiations).

Leur séparation régulatrice n'étant pas assurée par les Etats-Nations qui ont constitué déjà cet amalgame à des échelles inférieures, nous devons, à notre époque, rechercher de nouvelles formes de pluralité irréductibles.

Chapitre V.
La fausse pluralité
des sociétés fonctionnelles.

L'esquisse d'une « histoire anthropologique » évoquée ci-dessus, en vue (trop) cavalière au travers de quelques exemples de cultures « pluralisées », a surtout été aventurée pour poser la difficile question de la limite entre pluralité et basculement dans la rupture catastrophique[94]. Nous sommes loin de l'avoir épuisée et d'avoir atteint des formules conclusives, mais d'ores et déjà il est loisible de suggérer que les divisions de grandes aires en *positions* culturelles « protagoniques » contiennent *à la fois -et paradoxalement-* un potentiel de stabilisation de long terme *et* des risques importants de déflagration conflictuelle.

Nous n'avons pas encore tenté de suivre les processus en détail pour délinéer ce qui s'oriente vers l'une ou l'autre de ces directions dans les immenses « terrains » choisis pour fonder notre propos. C'est que le problème est difficile. Toutefois, l'enjeu étant redoutablement important pour notre avenir collectif, il nous faut avancer en ce sens. C'est

---

[94] Que nous avons surtout travaillée par une suite d'articles de fond parus dans le *Monde diplomatique* de 1995 à 2002) et réunis dans l'ouvrage *Société-Monde, le temps des ruptures,* paru aux éditions La Découverte (2002).

pourquoi nous souhaiterions proposer quelques « insights » sur le phénomène le plus actuel et le plus universel : *l'installation de la culture-monde*, pour y découvrir comment s'y insinuent peu à peu, comme en creux dans la passion globalisatrice de moins en moins démentie, des *éléments de pluralité* stabilisatrice et des tendances à la conflictualité sans pardon. Les uns et les autres étant peut-être… *les mêmes* ! *A moins* qu'ils ne se distinguent que par des détails, des grains de sable, des différences infinitésimales, néanmoins appelées à devenir causes décisives d'écarts grandissants, et sources de processus logiques finalement et radicalement opposés.

Par exemple, dans le langage géopolitique actuel : un monde « multipolaire » *s'opposerait à* un « gendarme du monde » détruisant toute compétition visant sa domination. Mais le « »multipolaire » ne peut-il pas s'exercer comme « dictature collective », précisément en rigidifiant les frontières entre des préférences culturelles, et, au pire, en usant du chantage au conflit entre elles comme ultime désastre ?

N'oublions pas que le modèle de la « guerre froide » a structuré la vie internationale pendant un bon demi-siècle. Encore ne s'agissait-il que de *deux* discours tranchés entre « libéralisme » et « socialisme », qui permettaient *d'escamoter* sous la *scène unique* de leur colère réciproque de nombreux « problèmes transversaux », comme l'excès technologique et son effet sur la nature et la santé humaine. Le « multipolaire » pourrait fort bien jouer un rôle similaire tout en rajoutant des protagonistes.

Pour permettre à des différences à la fois réelles et plus profondément « traversantes » de s'exprimer en libérant des prises de conscience encore contenues ou réprimées, peut-être faut-il ouvrir de *nouveaux* « champs de pluralité » qui résistent, de par leur « épaisseur » propre ou leur caractère encore indécis (et donc discutable au sens non-péjoratif du terme) de leurs types de frontières et de structures logiques.

Pour ce faire, nous proposons de visiter les effets de « diffractions » repérés, reconnus (et/ou inventés) par les sciences humaines dans les sociétés modernes et dans l'actualité. Pour cela, nous ne devons pas hésiter à utiliser des instruments intellectuels suffisamment « fins », un peu comme des ingénieurs se muniraient de nouvelles lampes et de nouveaux « palpeurs » pour explorer *une fois de plus* les soubassements d'un barrage à la surface duquel de petites fissures *anodines* viennent d'apparaître, apparemment sans lien entre elles…

L'idée que les cultures humaines sont *structurées* ne date pas du « structuralisme ». Ainsi, la notion de « société segmentaire » a été appliquée dès le début du XXe siècle par les sociologues et les anthropologues à des groupes primitifs et traditionnels, (notamment des nomades maghrébins et des agriculteurs d'Afrique orientale) et s'opposant à celles, supposées plus modernes, déterminées par des oppositions de classes ou de strates. Durkheim y voyait une forme de solidarité par équilibre mécanique des forces de groupes « internes ». Il l'opposait au fond à celle qui prévaudrait dans la modernité à la solidarité « organique » des grandes fonctions et de leur division (bien incarnée par celle du « travail »). La critique, plus ou moins marxiste, qui a prévalu sur ce fonctionnalisme, pointe, quant-à-elle, les effets de domination de masse que le capitalisme (ou même sa version bureaucratique dite « socialiste ») généralise et qui s'en servent comme d'une idéologie protectrice.

Je crois que la *société-monde* est un phénomène suffisamment avancé pour que l'on envisage des concepts adaptés à cette universalité de fait. Elle dévoile alors, *a posteriori*, un sens plausible des étapes précédentes.

Dire que nous savons désormais que le socialisme ne modifie pas vraiment les phénomènes d'exploitation et de domination de l'homme par l'homme ne suffit plus. Et ce que nous indique une vision synthétique et rétrospective, c'est que nous sommes désormais encore plus éloignés du fonctionnalisme

durkheimien que des sociétés segmentaires qui
ont servi de point de départ à son raisonnement.

La comparaison dans la distance est, par
exemple, intéressante sur un point : le fait que
les sociétés segmentaires sont toujours
territorialisées au plan leur globalité, mais aussi
souvent pour chacun de leurs segments, liés
plus particulièrement à une région
(contrairement aux castes se diffusant partout
dans l'espace national et au-delà). De sorte que
les appartenances claniques ne cessent de
s'enraciner tout en devenant parfois porteuses
de fonctions spéciales (commerce, politique,
religieux, judiciaire, militaire, etc.). Ne perdons
pas les leçons de ces formes de pluralité (non
plus que le souvenir de leurs défauts), car elles
peuvent actualiser des questions récurrentes au
« stade » de la mondialité sociétale. Ainsi, est-
ce que l'acqui-sition de l'universalité « réelle »
n'est pas compatible, et même en affinité
profonde avec la possibilité offerte à ses Sujets
de trouver dans des régions, des aires
spécifiques, des points d'appui essentiels pour
subsister en tant que tels (et non que simples
points d'ancrage d'algo-rithmes suralimentés
par des datas ?)
Certes, nous n'allons pas retourner à une
forme simple de permanence des conflits de
type vendetta, (même si mafias, castes et tribus
opèrent toujours ici et là, y compris dans les

sociétés les plus « modernes »). Mais à l'échelle des institutions et organisations mondiales, nous observons un net penchant pour un antagonisme de structure, qui englobe désormais les tensions entre Etats-Nations et utilise précisément l'illusion de la *fonction* la plus incontestable[95], sans donner un sens quelconque à des territoires protecteurs et nourriciers des Sujets humains.

Cet antagonisme d'autant plus dangereux qu'il se légitime de l'universalité la plus « pure » ne pourrait-il pas être freiné et régulé par des techniques de négociation entre des dimensions usant de « territoires souverains» différents des arrondissements nationaux, sans pour autant leur être opposés.

L'« ordre mondial » actuel ignore ces possibilités et ramène toujours les problèmes spécifiques à une hiérarchisation unique de traitements, tous parties prenantes de programmes globaux. Il émerge certes d'un ensemble de discussions et de procès, conduits dans le cadre d'une « démocratie-monde » admis par tous ou par les instances principalement concernées (ONU, G 20, Cop 21, ballet de poignées de main des chefs d'Etat à cravates bleues ou rouges, etc.), ou simplement par la sacralisation universelle du « divin marché ».

---

[95] Sans oublier que dans des logiques proches des castes, des *segments* encore vivaces allient souvent aussi fonction sociétale reconnue et ethnie ou religion.

Or il s'agit d'un *wishful thinking,* bien mal traduit par « pensée auto-réalisatrice », puisque, justement, le souhait *interdit* finalement sa propre réalisation effective. La théorie qui nous permet d'affirmer cette impossibilité se dégage aisément de notre approche : au lieu de refléter une division du travail mondialisée, l'approfondissement du consensus régulateur des « populations » et du marché, ceci dans toutes les directions et tous les segments, produit une similarité si poussée de toutes les institutions privées et publiques, productrices et gestionnaires, que la société-monde ressemblerait de plus en plus à un *assemblage homogène de molécules identiques.*

Une décantation « chimique » de cette structure simplifiée donne une hiérarchie évolutive dans laquelle les plus petites entités seront absorbées par les grandes (aussi bien les communes exsangues et dissoutes dans les communautés de communes ou les districts-capitales, que les PME phagocytées par les multinationales géantes).

La dynamique du système ne s'arrêtera pas là, car, une fois réduite à un bloc de conglomérats oligopolistiques assez redondants, ladite société-monde verra se déclencher en elle une guerre d'institutions littéralement fratricide, un peu comme des bulles de savon tendent à n'en faire plus qu'une par implosion des plus « faibles » au profit de « la » plus grande.

Ce mouvement « pénultième » pourrait certes être retardé par des politiques réactionnelles, des lois « anti-trust » etc. au nom du maintien de la sacro-sainte concurrence. Mais sa puissance semblerait irrésistible, ladite concurrence se déchaînant au contraire en remontant aux niveaux les plus élevés et les plus concentrés.

Dans le même temps, les rhizomes de chaque armée intégrée se croisant et s'interpénétrant en plongeant dans la masse nutritive des Humains, tous les conglomérats mondialisés puisent leur énergie dans une même *soupe* d'individus adroitement isolés, de petites entreprises et de minuscules entités de travail précaire, dont la forme la plus élémentaire, la plus décomposée, est le « travailleur indépendant » constamment à la recherche d'emploi dans de courtes tâches épuisantes pour des « clients » divers les traitant de « feignants ».

Bien entendu, on n'atteint jamais la pure « liquidité » chère à Zygmund Bauman, ni l'unicité totale du «monopole terminal ». Pour une raison facile à comprendre : la violence formidable qui explose des deux côtés -guerre de *tous contre chacun*, entre individus réduits à l'état d'ingrédients de la soupe des emplois, ébranle et déstructure tout le substrat social, sans parler de l'environnement naturel.

Plus on perfectionne ainsi *l'idéal de puissance* (à coups de fusions, de dépeçages d'entreprises, de mise en commun des sous-traitances, de croisements et d'empilements de métiers disparates, de financiarisation des gouvernances, et de « googlisation » universelle de la gestion des créativités, etc.), et plus la situation devient incontrôlable pour tous les pouvoirs, y compris les plus massifs et les mieux consolidés.

La décomposition sociétale permise alors par un *collapse moléculaire* des structures serait alors facilitée par les divisions déjà existantes, et jusque-là supposées « fonctionnelles ».

Si l'on admet ainsi qu'il existe de grands milieux *fonctionnels* -comme l'industrie, la finance, la science, l'éducation, le pouvoir politique, les médias, mais aussi la *multitude* des consommateurs et usagers, etc., on peut aussi accepter le fait que chacun d'entre eux est composite, cette composition pouvant aller jusqu'à des contradictions fortes entre ses parties. On citera à ce propos la classique opposition Capital-Travail interne à l'industrie. Mais on pourrait aussi observer que cette dernière se scinde entre branches concurrentes (l'avion versus le train, etc.) ou technologies alternatives (pétrole contre éolien...), voire entre grands secteurs (agriculture « bio » versus intensive-classique, industrie muséoparquiste du tourisme *versus* industrie manufacturière fumante et sulfurante), etc. Ce sont là des truismes, d'ailleurs ressassés par l'actualité aussi bien que par l'académie.

D'autres –innombrables- sont plus discrets, moins cités, peut-être parce que personne n'a trop intérêt à souligner leur vérité : ainsi des fonctions répressives d'Etat et des officines militaires ou policières privées chargées de les appliquer, alliance éprouvée qui sert de modèle à toute une gamme de fonctions plus banales : gestion des autoroutes et bientôt des routes nationales, garagistes et « contrôle technique », bureaux d'experts et évaluation des biens immobiliers, assurances obligatoires au domaine que des décrets rendent de plus en plus large, éventail croissant de normes de prévention vérifiées par des prestataires en charge de décider votre « éligibilité », etc., etc.

Encore ces articulations public-privé prenant les gens en tenailles viennent-elles couronner une tradition ancienne de gestion para-étatique des corporations (médecins, psychologues, architectes, ingénieurs, avocats, taxis, etc.) qui semble devenue aussi naturelle que le « fait de société » lui-même.

Or quelque chose tend à rester caché sous cette *évidence ordinaire* d'une multiplicité d'alliances occultes et de différences potentiellement conflictuelles, dans le cadre d'un principe commun « étatico-marchand » d'exigences fonctionnelles : à savoir que, contrairement à l'apparence décriée « à gauche », ce n'est pas la « liberté de l'argent » qui est réellement confortée par cette confluence organique, mais bien au contraire la transformation des Sujets de l'intersubjectivité en *petits soldats*. Ce n'est pas l'Etat qui est renforcé dans la régulation, mais une militarisation occulte des sociétés au nom de l'utilité (sanitaire, par exemple), laquelle obtient comme effet général une réduction de la valeur réciproque des Humains, désormais certifiées par des cascades d'ordres de plus en plus précis, qu'elles cheminent par des administrations ou des entreprises, les deux formes également légitimantes de l'ordre sociétal.

Nous pouvons hésiter sur la nature propre d'une entité personnelle : par exemple, le *travailleur* est-il un élément (actif ou de réserve) de l'armée industrielle, ou bien -en suivant l'idéalisme marxiste- le membre d'un groupe beaucoup plus vaste que l'industrie elle-même : le *prolétariat* ? Bien plus : cette masse d'exploités n'est-elle pas constituée de tous ceux qui, au travail ou non, sont très largement guidés et contrôlés dans tout leur mode de vie et de consommation, d'usage et même de pratiques sociales et intimes ? Alors, la *contradiction principale* ne passerait-elle pas entre dirigeants et masses populaires, plutôt qu'entre employeurs et employés ?

L'hésitation conceptuelle porte ici sur la notion même d'exploitation : concerne-t-elle seulement la dépense énergétique nommée *travail,* ou inclut-elle celle qui pourrait être nommée loisir, vie familiale, pensée, etc. ?

Dans ce dernier cas, trois problèmes se trouveraient soulevés, en cascade.

1) le fait que la publicité influente aille chercher des millions d'enfants consommateurs de Youtube en usant de la spontanéité talentueuse de quelques vedettes « suivies » relèverait d'une exploitation *plus poussée* que celle, classique, du bureau ou de l'atelier, même si la création ainsi utilisée s'appuie sur un pur plaisir des uns et des autres.

2) L'ensemble des acteurs économiques (industrie, distribution, finance, etc....) qui font ainsi l'économie d'un coûteux marketing en surfant sur les *big data* et leurs algorithmes présumés miraculeux ne sont plus seulement des espèces mutantes de rapaces, mais ils participent finalement d'une levée de ressources humaines nouvelles, inaccessibles jusque-là.

3) en fin de compte, l'exploitation consisterait en combustion et destruction programmée des « jeunes talents » et des « jeunes appétences », simplement du fait que la masse gigantesque d'argent collectée au bout du processus ne peut résulter que de la vente effective d'un monceau de gesticulations, d'objets inutiles, de babioles - physiques ou virtuelles- sans valeur, et de poisons séducteurs, ceci contre un véritable rapt de leurs pauvres ressources de survie et de

parole, occulté par l'accès apparemment gratuit aux réseaux et aux plateformes.

Questions importantes, car, selon la réponse que nous leur apportons, notre vision de la société changera du tout au tout : si nous plaçons les consommateurs dans la catégorie « exploités », nous les alignons alors sur les « travailleurs » à l'intérieur d'une grande organisation dirigeant toute l'économie. Cette dernière, quelle que soit l'extension que nous lui donnerions, est-elle alors *emboîtable* dans une organisation encore plus vaste, comme la société elle-même ? C'est ici que grandit un doute, lequel s'établit en référence à une conviction logique. En effet, si nous pouvons considérer les différents segments d'une *fonction économique,* à savoir d'une immense armée organisée pour couvrir l'ensemble des activités de production et de consommation, qu'est-ce qui nous rend si sûrs qu'elle soit automatiquement au service loyal du groupe le plus vaste -*la* société- ?

Cet effet quasi-universel (indépendant de la corruption) sculpte aujourd'hui tous les groupes humains dans leur structuration imbriquée, surdéterminée désormais par une omniprésence de l'influence médiatique au plus près de chaque individu (voire littéralement *en lui*). Partout ce qui se passe entre nous, humains, est une même chose, à la fois absolument familière et méconnue comme telle : nous obéissons à l'ordre d'être conformes aux modèles licites de personnages sociaux de tout âge, sexe, condition, et nous sommes de moins en moins capables –surtout quand nous nous croyons « originaux » et « nous-mêmes »- de nous engager en parole envers nos semblables non pas en tant que personnages, mais au contraire en tant que *« lieux » du devoir d'incertitude réciproque*. Et ceci en utilisant la ressource principale de la parole : le fait de ne pouvoir être prescrite par aucune autre autorité que nous-mêmes, sans aucune garantie ni certification. Et cela en résistance libératrice envers tout discours de complétude, chacun – surtout les plus massivement religieux, le « scientiste », le « laïque », le « démocratique » et le « libéral » compris.

C'est donc ailleurs que dans la division « fonctionnelle » qu'il nous faut chercher les prémices d'une pluralité qui ne dérive pas immédiatement et en ensembles gigantesques vers une militarisation–robotisation inéluctable du collectif humain. Mais la tâche, pour un peu plus dégagée qu'elle soit maintenant, n'en est pas moins encore difficile.

Pourquoi ? Une raison importante est que la militarisation-robotisation de la population en général n'interdit en rien l'utilisation de cette masse pour des conflits multiples, ne serait-ce que parce qu'après tout, une armée est faite pour se battre, ou plutôt pour être envoyée au front pour y générer (et y subir) une tuerie. Et même si ce ne sont plus les Etats-Nations (devenus les arrondissements d'une politique-monde, comme la sanitaire) qui en sont les vecteurs, d'autres forces se présentent pour y opposer leurs hiérarchies et leurs buts similaires.

Ce n'est pas parce que les grandes institutions privées ou publiques et à l'intérieur de chaque genre, sont devenues « les mêmes », et font presque tout ce que font les autres, ou, à tout le moins, font des choses différentes avec des buts, des méthodes, des normes et des langages identiques, parfaitement transposables, *qu'elles vont s'entendre pacifiquement.*

Certes, quelque chose se brouille dans votre esprit quand votre marque d'hypermarché vous propose non seulement une carte de crédit mais une assurance-vie et un service bancaire, qu'elle vous loue un tracteur, et qu'elle se met à patronner directement des productions agricoles, quand un fond de pension de retraite investit dans les salles de gymnastique pour cadres dynamiques, ou dans une startup de rencontres coquines, quand les grands amphithéâtres de la Sorbonne sont loués à l'année longue pour des pince-fesses d'entreprise ou que les professeurs de mathématiques de tel lycée doivent suivre des stages de « force de vente », tandis que dans les

« universités d'été » de partis « de gauche », on *apprend* aux élus à penser leurs électeurs « en « employeurs », en « actionnaires », voire en « clients » ; quand ces élus cumulent effectivement les mandats et les jetons de présence *tout comme* les membres de conseils d'administration de sociétés lucratives…!

S'y retrouver dans ce fouillis d'entre-croisements et de branchements est certainement plus difficile que de distinguer des arborescences nerveuses pour un chirurgien du cerveau, ou encore de dénouer les liens et nœuds dans un paquet de fils de connectique, et désormais aussi dans un système de réseaux sans fil.

Mais en se penchant avec de nouvelles lunettes (plus proches d'un dispositif d'imagerie médicale) sur n'importe quelle région du monde, pays, district, localité, etc., il devient assez évident, et du même coup angoissant, que cette résille très efficace, plongeant ses radicelles au plus intime de l'humus des vies individuelles et familières, *utilise aussi bien le privé que le public, voire le privé-public et le public-privé,* bien entendu tous mâtinés de personnel-professionnel (ou l'inverse). Elle échappe du même coup aux stériles aboiements parlementaires entre Jacobins et Montagnards, tandis que (heureusement pour la santé mentale de l'observateur) il apparaît peu à peu de nouvelles lignes de séparation, au moins potentielles, qui sont pourtant d'un grand classicisme : elles évoquent celles des grandes armées associées aux villes-Etats italiennes du Quattrocento, mais passant leur temps à négocier leurs loyalismes et à les renverser, à changer de statut, entre milices, « osts » féodaux, compagnies commerçantes, etc.

On peut alors se demander s'il n'existe pas dans la même « société-monde » des armées suffisamment autonomes *pour ne pas avoir à rendre compte de leur fonction*, et tellement habituées à une forme pratique de souveraineté qu'elles ne sont plus à même de concevoir leur subordination à des autorités politiques légitimes, qui se devraient, au contraire, de les servir et de les sustenter… ou de former comme elles leurs propres collectifs guerriers de protection d'intérêts spécifiques.

Un indice de cette possibilité est le « trop gros pour faire faillite » attribué quasi-unanimement aux banques décrétées « systémiques » depuis la crise financière de 2008. Un autre pourrait être l'extraordinaire puissance des trusts pétro-gaziers en Russie, au moins avant que le régime de Poutine ne reprenne la main, éventuellement à la suite d'épisodes meurtriers visant à mettre au pas les milliardaires mafieux prétendant à l'indépendance.

Un autre exemple, mis en lumière par la crise sanitaire mondiale de 2020, serait le rôle décisif de la fondation Gates dans le financement de l'Organisation Mondiale de la Santé et de son orientation sur les possibles « pandémies émergentes » comme véritable cheval de Troie… pour réorganiser de fond en comble l'économie mondiale en proie… au changement climatique désormais envisagé comme officiellement apocalyptique.

La généralisation des armées de mercenaires américains, russes, chinois, etc. intervenant en marge des légalités onusiennes (un peu comme les corsaires, agents de Louis XIV) serait un autre signal en ce sens, de même que le comportement impérial d'entreprises géantes intervenant notamment en informatique ou sur le net (aussi bien les GAFAM, enfants de l'ambition américaine renouvelée, ou leurs équivalents extrême-orientaux.) On pourrait encore évoquer la privatisation complète de territoires dans le sud de l'Argentine[96], qui va certainement plus loin du point de vue du droit que, dans le passé, les prérogatives des compagnies des Indes françaises ou britanniques, ou encore leurs équivalents (certes temporaires) à Madagascar[97].

---

[96] Les Benetton y possèdent l'équivalent du département du Rhône et les capitaux étrangers détiennent 10% du territoire national (la moitié de la France)… Pour protéger les droits des Mapuche ?

[97] Daewo, un temps locataire exclusif gratuit pour cent ans des plateaux centraux de la Grand île, etc.

On pourrait enfin citer la multiplication des retraites et défaites de nombreuses administrations publiques face aux géants d'Internet sur le terrain judiciaire.

Mais tous ces « signes » restent en partie trompeurs, tant qu'ils ne sont pas interprétés dans une théorie cohérente : ils demeurent souvent encore les jalons d'une éternelle et mythique bataille entre les intérêts privés et l'intérêt général, alors qu'une évidence tout-à-fait différente s'impose avec des lunettes un peu plus transparentes et plus précises. Si nous considérons en effet les armées politico-administratives publiques[98] comme des articulations de classes d'intérêt (cherchant notamment l'emploi et le revenu maximal de leurs membres), et non comme de pures prises en charge altruistes de l'intérêt collectif, la compétition avec le « secteur privé » peut changer de signification jusqu'à inclure celle d'une véritable guerre entre instances prétendument souveraines.

Sous l'effet de cette élucidation, de nombreux autres symptômes apparaissent alors : non seulement la prolifération des formes de corruption patente des fonctionnaires et des politiciens, notamment dans les sociétés « non

---

[98] En suivant au moins sur quelques raisonnements les théoriciens des choix publics J.Buchanan et G.Tullock, que l'on a trop envisagés comme des penseurs « ultra-libéraux », sans voir les conséquences ultimes de leur orientation.

démocratiques » (lire : moins assujetties à la croyance dans la démocratie), mais aussi la croissance consolidée de structures officielles et légales de distribution d'emplois et de revenus devant finalement leur subsistance à une diversité rhizomatique de collectes de ressources. Ce qu'on appelle en termes militaire (depuis des millénaires) : « vivre sur l'habitant ».

La surprise, pour l'anthropologue naïf, sera de constater alors que ces bords frontaliers en émergence ne correspondent pas le moins du monde à la *représentation commune* des oppositions d'intérêts ou d'identités. Non seulement le « conflit d'intérêt » se généralise, mais il se présente comme la règle, formant des ganglions pratiquement impénétrables... et pourtant organiquement distincts et souvent antagoniques. La lumière rasante de notre démarche permet alors de mieux désintriquer et distinguer ces lignes de démarcations occultées ou enfouies et surtout leurs implications...telluriques à terme. *Voici comment.*

En fonctionnant *comme* d'énormes entreprises militarisées (parfois néanmoins plus modestes que les monstres multinationaux) les machines politico-administratives entrent *aussi* de plus en plus en conflit potentiel avec les structures privées pour la captation des ressources de base (les revenus des gens et les biens correspondant aux besoins élémentaires). Un peu comme, au moyen-âge, n'importe quel petit village du Royaume de France (tel Montaillou), était le lieu d'affrontements directs entre trois ou quatre grandes instances de prélèvement : l'Eglise, les Seigneurs locaux, les suzerains régionaux ou nationaux. Ou encore, comme dans la Tunisie turque, toute localité pouvait subir la férule de trois armées distinctes et souvent en conflit entre elles : celle du Dey (pour le comptoir), celle du Bey (pour les impôts sur la campagne) et celle du Sultan (pour la fidélité au lointain pouvoir turc).

Bien sûr, dans ces exemples, tout comme dans la référence actuelle, les pouvoirs antagoniques ou distincts sont en général capables de s'entendre pour des périodes considérables sans s'entredéchirer, pour mieux se repaître du peuple. Pactes officiels ou tacites, mariages, allégeances, hommages, verrouillages de souveraineté, strictes hiérarchies, etc., ont souvent été mis au point de façon durable.

Pourquoi donc prétendons-nous que cela *ne pourrait pas être le cas à l'avenir* pour les dispositifs en présence dans la mondialité ?

Parce que, justement, à mesure que les *fonctions* exercées peuvent l'être *aussi bien* par un type d'armée que par un autre (l'industrie pétrolière peut être privée ou publique tout comme celle de l'enseignement et des activités récréatives, celle de la fabrication d'armements, celle des transports, des péages, de la collecte d'infractions et d'amendes, celle du financement, de la distribution d'eau ou d'énergie « propre », etc., etc.), le résultat principal n'est pas d'offrir un « choix » plus grand -selon le dogme séducteur du libéralisme- mais simplement de faire apparaître *la réalité commune* de leur caractère prédateur en même temps que l'arnaque de leur soi-disant nécessité.

Il s'en forme une nouvelle image plus simple et plus réaliste : puisque toutes ces institutions absorbent ensemble l'essentiel de vos moyens de vivre formant ainsi une sorte de continuum, tel qu'il se déroule avec la plus grande évidence sur les listes de prélèvements mensuels de vos comptes bancaires, un flux régulier de pompage de plus en plus avide des moindres gouttes de votre revenu d'existence, *comment vous protéger contre le sentiment -vertigineux et écrasant- d'une vidange progressive de votre « être »... par la société elle-même ?* Comment « desserrer l'étau » de cette « globalia » et de ses vampires multicartes sur chacun d'entre vous ?

Dès que ce questionnement vous atteint et commence à vous tarauder, vous vous heurtez à deux évidences *complémentaires* :

Vous dépendez pour votre survie d'une part de votre propre énergie agressive pour prendre à d'autres candidats un emploi suffisamment rémunérateur (dans un contexte de massif sous-emploi). Et, d'autre part, de la relative stabilité du secteur d'institution dont votre « profil » a eu l'heur de pouvoir s'approcher (stages, petits boulots, milieu de connaissances, biais familiaux, clientélisme local, etc.). Or, vous devez vous rendre compte que, pour changer de métaphore, si c'est bien à une « mer de glace » que vous avez affaire en tant qu'individu ou groupe de familiers face à la mondialité des institutions, votre sort est néanmoins plutôt lié à la survie *d'un des glaciers* plutôt que d'un autre, et que l'iceberg qui se détache de la banquise est voué, aussi vaste et puissant soit-il a départ, à fondre en vous laissant vous noyer.

Mais la métaphore glaciaire est au-dessous de la vérité, car les icebergs disparaissent parfois en se heurtant, mais sans *se battre* entre eux, alors que les monstres oligopolistiques *le font en permanence*. On revient alors à l'image d'armées d'occupation en guérilla entre elles, de *grandes compagnies médiévales* se nourrissant du désespoir de leur piétaille et de l'isolement des habitants ; ou de corsaires coulant *seulement* les bateaux de la nation ennemie… mais par milliers. On en vient inéluctablement au dilemme qu'elles soulèvent toutes : *si la survie est dans la désertion, comment y parvenir sans y laisser la peau ?*

Or, cette simple pensée -bien sûr très fantasmatique- ajoute une potentialité à la crise ambiante : si chacun commence, ne serait-ce que modestement et discrètement, à travailler « pour soi et les siens » à la marge ou hors du « système », il se pourrait bien que -tel un buzz- se propage alors un nouveau facteur de déstabilisation. Cela peut même prendre soudainement des dimensions inattendues, car même des besoins aussi fondamentaux que l'eau, l'énergie ou les aliments de base vraiment sains *peuvent en partie* échapper à l'attention et à la capacité des rhizomes systémiques. En dehors des zones urbaines les plus denses, une proportion variable mais non négligeable d'espaces domestiques peuvent être utilisés à récupérer la lumière, le vent, la pluie, à installer des poules pondeuses, à replanter le jardin en choux et patates, le tout en permaculture de paillis et sans engrais, en reprenant en régie communale le réseau d'eau détenu par Suez ou un autre monstre. Les vélos peuvent momentanément remplacer les voitures, et trois kilomètres à pied pour aller à l'école feront diminuer (plus sûrement que la voiture électrique) le nombre considérable de Jeunes voués au surpoids, au futur diabète et aux cancers de toute sorte, tandis que l'autoproduction se passant des emballages plastiques incontournables pour la moindre salade pourra peut-être remonter l'indice de fertilité des jeunes-gens aujourd'hui atteints, com-me les saumons, par la multitude des perturbateurs endocriniens.

Autrement dit : toute velléité de la population en direction d'une certaine autonomie vitale ne peut que diminuer la quantité et la valeur des ressources accaparables (en travail, en consommation, voire en prosommation) par « le » *Poutecharma*, et donc par chacune de ses cellules «suceuses » actives. Il en résulte nécessairement une inflammation généralisée qui va aggraver leur état -encore plus ou moins latent- de conflictualité.

Il suffit alors que la voie d'un rétablissement ou une aggravation autoritaire de « l'exploitabilité des peuples » se trouve barrée ou encombrée, voire exclue par une conscience politique plus affirmée desdits peuples ne voulant plus être seulement des « suiveurs » *(volks),* pour que l'autodestruction par implosion pacifique dudit *Poutecharma*[99] se profile au long de lignes d'effritement et de fracture déjà tracées en pointillé. Et comme ces lignes ne peuvent plus désormais se ramener aux antagonismes nationaux (par ailleurs limités par la permanence de la dissuasion nucléaire) - sauf dans quelques situations peu capables de vraiment dégénérer en détonateurs-, on peut prévoir sans trop de risque d'erreur majeure que

---

[99] Rappel : POUvoir,TECHnologie, ARgent, MAsse.

des poches entières d'activité -plus ou moins factice mais parfois utile- vont se vider, multipliant les désertifications humaines, un peu comme Alzheimer vide peu à peu un cerveau déjà dépressionnaire. Sols raclés ou éteints, zones industrielles en déshérence, fiefs militaires en friche, quartiers abandonnés, villes énucléées, villages moribonds, écoles annulées, routes ensablées, autoroutes à nids de poule, zones commerciales et festives rouillées, cimetières d'éoliennes, etc. : les Etats-Unis montrent l'exemple de la zombification comme idéal, bientôt rattrapés partout.

Ce ne sont pourtant que des prémisses, encore occultées par des gigapoles nimbées de pollutions et par l'addiction hystérique aux écrans cachant la forêt du réel.

Oui, le système a commencé à se déliter comme utilité, alors qu'il se rigidifie mortellement comme contrôle universel des gens.

Se pose alors la *dernière* question : comment distinguer ce travail de mort, cette zombification parfois galopante, cette *extinction* non pas seulement du paupérisme, mais de l'occupation du territoire-monde par un *Poutecharma* gravement malade... *et* ce qui serait signes d'une transition vers une pluralité nouvelle, ni fonctionnelle ni agonistique-identitaire, mais ré-enracinée dans les solidarités de façons de vivre en Sujet libres, du familier, du local, et des corps vivants, agissants et intelligents?

Je ne crois pas que l'on puisse encore établir cette distinction, tant, du moins, que ne s'instaurent planétairement les règles politiques prévenant ledit *Poutecharma,* aussi atteint soit-il, de s'adapter comme dans d'autres passés, aux tentatives d'autonomie des peuples, afin de mieux les brider... une fois de plus et bien plus complètement, entre les pinces broyeuses de sa puissance fascinatrice, jamais approchée jusque-là ! Découvrir ces règles a pourtant une fonction salvatrice car une fois réduite à une « politique de l'espèce », une société-monde unifiée viserait une « interdiction de nuisance » qui peut impliquer −ne soyons ici ni complotistes ni naïfs quant au désir de mort qui travaille l'Humain de tout temps- *un génocide général, au nom de la survie collective...* Insistons : le seul véritable « complot » ne sera pas celui d'élites imaginées arrogantes et anti-humanistes, mais la tendance de masse inconsciente à désirer *supprimer* la responsabilité d'être des Sujets obligés d'être libres.

Le propos semblera encore excessif : c'est que nous avons tous tendance, c'est compréhensible, à nier, oublier, forclore, effacer de nos consciences à quel point l'obligation d'être des Sujets libres peut être angoissante, taraudante, souffrante pour l'enfant qui est toujours en nous et à quelles extrémités tragiques elle peut régulièrement conduire l'histoire humaine, spécialement quand le réflexe « eusocial » (proche de celui de la ruche dont tous les membres font vibrer leurs ailes ensemble pour la réchauffer en hiver) nous empêche, au contraire, d'envisager notre «devoir » de liberté pour mener dignement nos vies personnelles et familiales, en amitié avec nos proches.

C'est ici que la pluralité prend un sens prospectif. En divisant le monde *non plus* en nations, possessions ou religions (dont la légitimité identitaire ou territoriale commence à poudroyer) *mais* en façons de vivre différentes (incluant les *limites* des droits d'accumuler des moyens d'autorité, de financement et de capacité technique), on pourra au moins imposer à ce cancer culturel de se limiter, de ne survivre *que* sur son propre territoire, sa propre île de folie pléonectique[100], et non pas sur la société-monde comme *totalité génocidaire* au sens plein (s'attaquant au genre humain dans sa totalité)....

---

[100] De « pléonexie » : le « vouloir toujours plus », un concept utilisé par Dany-Robert Dufour.

Chapitre VI.
Champ et structure de la pluralité culturelle à l'âge planétaire

Il existe des exemples de groupes pour qui l'extérieur n'a jamais existé ou n'existe plus. Pour eux, tout se passe comme s'ils occupaient déjà des îles éloignées de tout, ou bien des planètes isolées. Pour autant, leurs cultures, comme en témoignent les ethnologues, peuvent être très différentes les unes des autres, ceci dépendant entre autres –mais pas uniquement- de la taille de l'isolat.

Certains, comme fut l'immense île-forêt de la Papouasie-Nouvelle Guinée, (visitée par les Occidentaux depuis seulement 1870, voire depuis1930 un peu plus en profondeur), ont été des mondes en eux-mêmes, et habités par des sociétés diverses ou symboliquement « opposées ». Si l'on réexamine par exemple avec Margaret Mead (lavée de tout soupçon d'avoir manipulé ses informateurs) le cas des Mundugumor (tous arrogants guerriers), des Arapesh (tous doux pacifiques) et des Chambuli (rôles masculins et féminins inversés), tous natifs de la région de la rivière Sepik, on peut même encore se demander si l'on n'a pas affaire *à une structure de transformations* rappelant notre conversation européenne ou celle, encore plus complexe, des Indiens de l'île de Vancouver, étudiés par Franz Boas, et théorisés par Mauss et Lévi-Strauss. A savoir, que, dans tous ces cas, l'entité *la plus réelle* n'est pas *telle tribu,* mais l'ensemble « polypolitique » produisant les contrastes, voire les contraires, en tant que pluralité *constituée d'oppositions* au cœur d'un mêmemonde ouvert. Elle l'est au moins dans l'esprit de l'anthropologue, ce qui n'est pas rien en 1935, sommet du totalitarisme.

Des cultures îliennes beaucoup plus petites montrent aussi des différences « internes » considérables. Il est vrai qu'aucune d'entre elles n'a jamais été *totalement* confinée, et que les îliens sont souvent aussi de grands navigateurs et des commerçants avisés.

Au fond, les véritables îles fermées sont plutôt les *institutions,* et tout particulièrement celles qui –prisons, bagnes, centres de réclusion des handicapés mentaux ou des vieillards (EHPAD), etc.- ont pour mission de gérer des populations séparées des autres par la nécessité, la loi ou la force.

Dans ces cas-là, où règne justement le *refus* de la pluralité, nous sommes avertis qu'une tendance à la férocité se déclare et se propage plus ou moins lentement à l'encontre des pensionnaires, mais toujours plus vite quand les personnels qui les régentent peuvent s'émanciper d'un contrôle par la société « extérieure ».

Alors, dans tel « centre d'accueil », lui-même relégué dans un désert social, les

« soignants » finissent-ils par enfermer les handicapés dans les toilettes pendant qu'ils prennent le café. Il n'est pas rare de les voir bousculer les gens comme si c'était des objets. Ils ne leur disent pas bonjour et d'ailleurs, ne leur parlent que par gestes, plutôt brutaux, ou mieux, par schémas conventionnels glacials. Pris à part, ces personnels sont parfaitement « normaux », sociables, aimables, mères ou pères de familles. Interrogés sur leurs pratiques, ils ne savent pas répondre parce qu'ils n'ont aucune conscience de la dérive qu'ils opèrent. Que leur système devienne sadique par la simple application de l'idée qu'ils se font d'un « métier comme un autre », cela leur échappe absolument. Nous ne sommes pas loin, notons-le, des expériences de Milgram dans lesquelles un « naïf » devait accepter de torturer sur ordre d'un « spécialiste ».

C'est tout l'environnement institutionnel qui dérive en même temps de telle sorte que le tortionnaire n'a aucun point de vue fixe (aucun témoin) pour fonder quelque éthique, ni même quelque pensée que ce soit, même s'il ne va pas jusqu'à frapper ou blesser.

De même, nous savons que les univers carcéraux soviétiques, chinois ou même américains, mais aussi bien la longue lignée des bagnes officiels ou non dans nombre de pays, sont d'autant plus terrifiants que leurs règles internes sont *déconnectées* -tacitement ou légalement- des lois officielles. C'est-à dire qu'elles constituent bien des univers complets… précisément comme notre univers planétaire tend à ne faire qu'un sous la « multipolarité » apparente[101].

Pour ce qui concerne l'institution comme isolat *dans* la société, les lois elles-mêmes qui les légitiment dépendent du degré d'attention ou d'indifférence, de bienveillance ou de ressentiment que les peuples manifestent sur la question de la délinquance et de sa répression. On peut, certes, se dire que des lois haineuses poussent à la persécution. Mais on sous-estime alors le grand potentiel d'inhumanité que recèle *la simple indifférence.* En réalité, on sait que le comble de l'atrocité est atteint lorsque les gardiens considèrent les détenus (ou les « patients ») comme des « facteurs de risque », comme du matériau normalisable de leur fonction[102]. Alors, tout signe d'existence (appel à l'aide, réaction hystérique, manifestation de mécontentement, demande d'aménagement pratique, etc.) devient un « dérangement » qui

---

[101] C'est un excellent exemple du type de folie qu'entraîne l'autoréférence, et qui menace la société-monde en tant qu'institution solitaire.

[102] L'utilisation de l'espace public par la police britannique comme outil de reconnaissance des visages, indique bien à quel point la théorie *individualiste* de cette société est menacée par le dogme totalitaire (comme l'indique par ailleurs, d'Orwell à Huxley, à Andrew Niccol ou Terry Gilliam, le génie terrorisant de ses auteurs sur ce thème).

doit être traité par le « reformatage » du « résident » en vue de sa conformité passive, de son innocuité garantie, de sa « tranquillité ». Ici la torture automatique, comme simple méthode de rangement, est bien pire qu'un tabassage en vue d'obtenir des avantages. Le pacte de parole, acte humain par excellence, est rompu.

La corruption faisant chantage à la violence est affreuse, mais moins que la machine à changer les Humains en série de corps normés et contrôlés. Or c'est précisément à cela que tendent *spontanément* beaucoup de personnels en place localement – comme les adeptes de nombreuses sectes –, et cela d'autant plus facilement que personne, à l'extérieur, ne s'y intéresse. Comme si, précisément, la prison ou l'asile devenaient à leur tour *des mondes en soi*, seuls, parfaitement sourds aux bruits de l'univers réel

Ces cas –vécus et observés de nombreuses fois à de petites échelles- nous aident à envisager ce qui se passerait à l'échelle la plus grande d'une humanité instituée comme telle *sans extériorité*. Le « Divin Marché », comme pouvait dire Lacan en raillant ainsi notre société sur le modèle du « divin marquis » (Sade) peut en effet devenir aussi monstrueux que n'importe quelle institution fermée, et cela d'autant plus qu'il sera considéré comme la seule institution universelle souhaitable, parce que spontanément possible.

En réalité, le « Divin Marché », organisation sadique selon Jacques Lacan (puis Dany-Robert Dufour ou Aldo Haesler) est déjà, et sera toujours plus terrible, non parce qu'il est immoral, mais surtout *parce qu'il ne laisse aucune place à la comparaison avec un autre monde*, recouvrant entièrement n'importe quelle autre possible. Coextensif à la fois à l'espèce humaine, et bientôt à l'humanité comme corps politique, la marchandisation générale risque alors de disparaître comme symbole ou terme d'une pensée (même unique), par exemple celle du « commerce pacifique » opposé à la guerre, tout simplement parce qu'elle ne sera plus, technobureaucratie aidant, qu'un simple *fonctionnement acharné et impossible à freiner*[103].

Pour le moment, l'anomalie « terminale » du capitalisme-monde est loin d'être parachevée. La plus grande souffrance qu'il génère relève encore -et peut-être pour longtemps- de la multiplication d'une toujours plus vaste

---

[103] Le déferlement aussi soudain que généralisé de la formule « légale » de l'obligation des cookies est un exemple frappant de l'entraînement mutuel –sans extériorité- des institutions dans un harcèlement presque sans exception de la part « d'acteurs » devenus fous de l'angoisse d'être dépassés par le concurrent dans l'assaut de la clientèle. Internet en devient un enfer de grêlons symboliques, sans que l'on puisse imaginer une intervention des Etats, eux-mêmes impliqués dans une idéologie délirante de la valeur des « big data ».

humanité à la fois pauvre et dépendante, soumise à toutes sortes d'expérimentations.

Cela au sens où, comme dans l'institution fermée dont il est l'extension maximale, il tend immanquablement à définir une *norme universelle* permettant d'utiliser les Humains comme des choses, surtout dans ce qu'ils ont de « plus intéressant » pour le marketeur et le publiciste : créativité, personnalité, pensée brillante, savoir-faire habile, sociabilité agréable, altruisme généreux, joie de vivre, humour, beauté, etc.

Et cette tendance à exploiter *tout l'Humain* et pas seulement, loin de là, le simple *labeur*, n'a pas été perçue par un marxisme contemporain d'un travaillisme tout droit issu de l'éthique paysanne, de la discipline de pénibilité et de l'échine courbée sur la nécessité. Elle demeure encore largement insue comme telle alors que les grands vaisseaux spatiaux du capitalisme de plateforme sont tous en fonctionnement, en train de pêcher à la *big data* et à l'algorithme, pour extraire la plus petite particule de vitalité intelligente et passionnelle de leurs immenses masses d'assujettis dociles, sinon volontaires.

Il faut évidemment mettre un terme à la dictature -globale et détaillée- de cette forme d'horreur souriante, mais en ayant très clairement à l'esprit ce que générera son éradication.

Nous pouvons sans trop d'erreurs affirmer que la masse gigantesque de consommateurs ne sera pas mise directement en cause en tant que telle par une machine productive *qui a été haussée à son échelle.* Si cette masse se réduisait, il faudrait réduire en effet l'amplitude même des mouvements de capitaux qui ont été créés pour lui faire face et la nourrir, et démanteler les systèmes matériels et virtuels correspondants. On a, dans le passé, recouru systématiquement à la guerre pour effectuer une diminution de la taille du système, mais nous assumons ici que ce recours est désormais pratiquement interdit, puisqu'il accompagnerait un suicide physique de l'espèce.

Il faut donc en conclure, dans le cadre d'une logique suffisamment rigoureuse, que *si* l'on ne touche pas à l'échelle de la consommation, *quand,* dans le même temps, le nombre de producteurs (agents actifs de la production, qu'ils soient capitalistes, industriels ou travailleurs) diminue du seul fait de la productivité toujours accrue, *alors* la souffrance infligée par le capitalisme à l'humanité serait essentiellement caractérisée par *l'inactivité et l'inutilité dans la dépendance obligatoire.*

Le salaire deviendrait une exception, remplacé par une subvention de survie, ponctionnée directement ou non sur les revenus de la production. Que l'on appelle cette subvention « revenu universel » ou autrement ne change rien à ce qu'elle serait : une condition de la consommation nécessaire au fonctionnement du système gérée par une combinaison fusionnelle de technocraties publiques et privées.

Une conjecture « optimiste » mais plausible peut alors être avancée : il est loin d'être certain que la meilleure manière -et surtout la plus rentable- de gérer l'ensemble des revenus nécessaires à *maintenir* la consommation soit d'en contenir le plus possible le niveau pour une large majorité tandis qu'on lâcherait la bride à certains groupes privilégiés.

La logique n'étant plus celle du travail, mais celle de la *gestion d'ensemble de tous les potentiels humains* (et non pas de *l'administration des choses*, comme dans l'utopie communiste), il est clair que des pressions de plus en plus fortes se feraient sentir pour répartir *optimalement* les capacités de consommation, de façon, d'une part, à obtenir une standardisation unifiée des produits, et d'autre part à faire d'énormes économies dans la « gestion sociale » des consommateurs. S'est-on demandé combien coûtait par exemple, dans les pays émergents, le *maintien en vie* de centaines de millions de Pauvres improductifs confinés dans les *favelas*, les « quartiers », et autres bidonvilles ? Jamais officiellement, bien sûr : *ce serait trop intolérablement cynique.*

Mais la réalité factuelle prouve que la question est effectivement posée, *et même tacitement résolue ici et là.* Car face à ce qui est de fait pensé comme *poids énorme sur la société dans son ensemble,* deux stratégies seulement sont possibles : -ou bien on refoule et l'on *tue les pauvres* -ce qu'on s'emploie encore à faire quotidiennement dans de vastes pays pourtant civilisés comme le Brésil, la Colombie[104], le Venezuela, le Mexique, etc, y compris sous couvert de démagogie populiste. Une autre forme du même massacre étant le sort promis aux migrants, la surpopulation pauvre étant par ailleurs ignorée ou impensée.

Ou bien l'on répartit autrement le revenu global, quitte à diminuer la part des grands privilégiés, et à faire au moins cesser la pression d'endettement fatal sur les Pauvres.

Tant que des politiques audacieuses n'auront pas été esquissées dans cette direction -les classes au pouvoir étant particulièrement aveugles sur ce qui les attend-, le sous-emploi impossible à maîtriser donnera lieu mécaniquement à un creusement des inégalités

---

[104] L'intervention médiatique sur le sujet tend plutôt à incriminer les « narcos » dans le massacre -comme c'est le cas du film « Escobar » de Fernando Leon de Aranoa, sur le chef du cartel de Medellin. Or les travaux universitaires sérieux (comme ceux de Renato Araujo Sarrieddine), montrent que les polices portent également une responsabilité cruciale dans les tueries, et surtout celles des Jeunes des quartiers défavorisés.

sociales et tendra presque nécessairement vers une implosion générale du système, à échéance relativement brève (comme l'ont prévu plus d'un « prix Nobel » américain).

Mais – et c'est là que notre propos se situe – quand bien même le « pouvoir technochrématistique » (le *Poutecharma,* selon notre affreux néologisme synthétique[105]) finirait par réguler sa propre puissance en construisant un système suffisamment équilibré entre revenus et consommation, un autre risque majeur prendrait immédiatement le relais : celui de produire un monde uniforme, où l'humanité entière serait plongée dans un état de dépendance passive, inactive et entretenue, mais aussi ponctionnée et spectacularisée dans sa simple vitalité de multitude de « singularités » (Negri).

Nous postulons ici que les problèmes encore pendants d'inégalité sociale et ceux, naissants et encore à venir, de gestion globalitaire, *ne sont pas séparables*, ni même peut-être distincts. Par exemple, une fois réalisée une régulation suffisamment « juste » des différences de revenus ayant accès à la consommation, celle-ci peut très bien être confrontée –notamment dans la perspective de pénuries d'énergie induites par la crise écologique– à une perspective de

---

[105] 3e Rappel du sens de ce néologisme favori : POUvoir-TECHnologie-ARgent-MAsse, pour ceux qui prennent le livre par la page 216 !

rationnement général, inducteur de *concentration*. Et plus tôt aura été pris le virage vers davantage d'égalité, plus efficacement se mettra en place une telle logique de *sevrage* (que l'on voit se pointer à l'horizon ouvert par la cop 21 et les rapports d'aréopages écoscientistes).

Dans le cas inverse où serait visé une sorte d'hédonisme sociétal, à supposer qu'il soit possible matériellement, il est probable qu'il serait à nouveau confronté à la « pénalisation par le nombre ». Plus nous serions nombreux à partager la manne, et moins notre part personnelle ou familiale serait grande.

Or si les bureaucraties policières nationales soutenant des élites consuméristes peuvent être stigmatisées moralement lorsqu'elles tuent *vraiment* les pauvres par centaines de milliers chaque année[106], on peut imaginer qu'un

---

[106] L'échelle de chiffres choisie semble excessive : elle ne l'est pas. Un seul pays comme le Brésil voit mourir chaque année plusieurs dizaines de milliers d'habitants de zones pauvres *dans des confrontations avec la police*, sous le motif de poursuivre les « narcotrafiquants ». Rajouter les scores du Mexique, du Guatemala, de la Colombie, de l'Argentine, pour la seule Amérique latine, devrait déjà approcher notre ordre de grandeur. Y adjoindre ceux de l'Orient asiatique permettrait de le rejoindre et de le dépasser. Quant à ce qui se passe au Moyen Orient, on peut l'interpréter au moins en partie comme la tuerie de populations défavorisées par des bandes de « jeunes » rémunérées et armées depuis l'étranger, sous couvert de guerre religieuse. On est alors nettement au-dessus de nos

pouvoir mondial *rationalisé* serait tenté par des formes discrètes de *gestion du nombre* dans le but de ce que l'on a déjà appelé (notamment dans une frange du milieu politicien entourant G.W.Bush « une nécessaire réduction populationnelle »[107].

Peut-être est-ce là prévoir le pire, mais cette perspective *indicible* a surtout le mérite de

---

estimations ! (note datant de la période -déjà oubliée ?- où Daesh, Al Qaïda et les Talibans se partageaient l'actualité de la terreur.)

[107] Sur ce thème tabou en Europe, les médias sont peu diserts. Dans *Le Monde* du 18 janvier 2010, un article d'Audrey Garric paraît sous le titre « Faut-il réduire la population mondiale pour sauver la planète ? » et cite un rapport de l'UNFPA présenté à Copenhague en 2009 subordonnant l'endiguement du réchauffement planétaire à une « réduction massive de la population mondiale ». Sont également mentionnés les travaux de l'Optimum Population Trust pour la London School of Economics estimant *la surpopulation* à venir à 5 milliards d'humains, ou les positions d'Yves Cochet pour limiter les allocations familiales au 2e enfant. Mais rien n'est dit des propos « réductionnistes » ouvertement tenus (autour des recommandations des Georgia Milestones), par des personnages publics comme P. Ehrlich, Ted Turner (CNN), D.Rockefeller, J.D.Sachs, T.L. Friedman, J.P. Holdren, T.Ferguson, R.B. Ginsburg, J.Cousteau, le Prince Philip, M.Gorbatchev, D.Brower, D.Attenborough, E. Emanuel, mais aussi par nombre d'intellectuels « libéraux » aux USA (Penny Chisholm, MIT, P. Cafaro,Université du Colorado, E.R.Pianka, U. du Texas, A.Giubilini, Universtté Monash à Melbourne, Nina Fedoroff, Linkola Pentti...)ainsi que par des politiciens proches de la Maison Blanche républicaine (allant bien plus loin que l'obsession de Bush pour le « contrôle de la population». Depuis dix ans, un silence pudique entoure la question, qui disparaît même du programme de l'organisation onusienne...

mettre en évidence une chose : si un pouvoir mondial devenait criminel, *il serait plus difficile de le mettre en accusation* que les puissances nationales actuelles, fussent-elles exorbitantes.

Un exemple : si les Etats-Unis ont pu être mis au ban par un seul de leurs informaticiens (Snowden), c'est parce que celui-ci pouvait devenir un enjeu pour leurs adversaires. Imaginons qu'un jour ce soit la «communauté mondiale » de contrôle des réseaux d'information qui gère elle-même ses critères éthiques de captation, d'utilisation et de vente des données personnelles, croyons-nous vraiment que nous pourrions lui accorder une confiance illimitée, et cela dans le temps ? Qu'elle soit innocente par principe et incapable de dérives en direction de Big Brother ?

Comment, au contraire, ne pas reconnaître que le danger de ne pas pouvoir réagir sera multiplié dès lors que l'institution deviendrait absolument globale et sans comptes à rendre à des Etats devenus en partie obsolescents ?

Point n'est besoin d'insister davantage sur une dystopie pourtant plausible : il nous paraît désormais suffisamment établi que l'énergie de « grande unification » étant toujours à l'œuvre à l'échelle de la société-monde, les puissances qui sont à la manœuvre et peuvent encore effectuer quelque « bouger » le feront dès qu'elles le pourront, et *toujours dans le sens de magnifier leur pouvoir et de le rendre le plus absolu,* le plus totalisant possible, cela dans tous les domaines.

Bien sûr, ces ultimes tensions et convulsions pour produire de *l'Un* terminal s'accompagneront nécessairement, nous en sommes avertis par toute l'expérience historique, de mouvements inverses, de résistances, de mises en ordre multipolaires, de reculs voire d'effondrements (dirait Jared Diamond) qui ne sont que l'envers de la même tendance.

Nous avons repéré qu'au cours du temps la forme générale des résistances à l'Un se présentait comme le retour d'une métaphore, d'une comparaison entre le but final, l'hallucination de la totalité *(le Sociétal)* et ce dont elle s'inspire pour se rendre désirable *(le Familier)*.

Ce retour inhérent, irrésistible (« éternel » aurait dit Nietzsche dans une de ses plus fortes - et délirantes- intuitions) de ce qu'on pense devoir transférer entièrement dans l'entité nouvelle s'accompagne de luttes, de batailles conduites plutôt par l'un ou l'autre camp, et dont le style diffère : *Culturel* pour la montée des résiliences provenant du *Familier* et tentant d'amadouer le Sociétal par la séduction sentimentale, par exemple artistique. *Réglé,* pour la descente d'ordres venant du *Sociétal* afin de remettre le Familier « au pas», tout en tenant compte de certaines de ses aspirations.

Persiste donc inéluctablement une pluralité minimale à quatre polarités (deux principes opposés, deux médiations distantes), *mais qui n'est que l'amorce d'un étoilement de positions plus subtiles et plus variées.*

La question que nous devons soulever pour finir se présente donc ainsi : quels sont les termes de la métaphore orchestrale qui émergera -ou fera retour- *à partir* de la mondialité contemporaine considérée éventuellement commune « acquisition » irréversible ? Quels sont les signifiants qui vont s'imposer à nous pour cette situation spécifique, jamais encore vécue par l'espèce humaine, et pourtant visée depuis toujours ?

La réponse semble beaucoup plus aisée qu'on ne pourrait le croire : n'est-ce pas justement celle que formule la recherche anthropologique elle-même du simple fait qu'elle s'interroge sur la culture en général, et sur l'histoire culturelle dans sa durée ?

Nous avons proposé, au terme de notre exploration, de privilégier l'opposition « Sociétal » / « Familier » comme relevant d'une anthropologie fondamentale, aussi valable pour nos ancêtres primates au stade de leur première métaphorisation (pour passer du petit au grand groupe), que pour les sujets de la société-monde technochrématistique, parachevant la société-monde comme groupe *impossible* à dépasser.

Nous avons aussi proposé de considérer les formes médiatrices principales de cette opposition : « le Sentiment » contre « la Règle ».

Bien entendu, ces signifiants peuvent être objectés, contestés, affinés, modifiés, déplacés, remplacés. Mais nous avons déjà usé à ce jeu beaucoup de temps et d'énergie, de sorte que les inadéquations résiduelles, les expressions peu euphoniques (*Sociétal,* par exemple n'est pas très beau) sont probablement un prix à payer pour une cohérence minimale ; puisque ce vocable désigne non pas le Social en général, mais *l'instance imaginaire de la totalité.*

Ainsi, les ennemis du mot « Sociétal » -qui voudraient revenir au simple « social »- ne comprennent pas qu'il faut bien un concept distinct pour exprimer la *tendance à la totalité,* ce que la « différence sociale » ne peut pas rendre[108].

Le mot « Familier » inquiète ceux qui se retrouveraient volontiers derrière la bannière du : « familles, je vous hais ! ». Pourtant, aucun autre vocable ne rend aussi bien compte

---

[108] On notera ici que la tendance à employer « sociétal » pour parler des problèmes de statut sexuel et matrimonial correspond à la fois à une reconnaissance de leur caractère fondamental, et à une volonté de méconnaissance : on ne veut pas savoir que ces questions appartiennent à une problématique beaucoup plus large incluant la question de la population globale et celle des modes de production et de vie.

aujourd'hui de ce quelque chose de sensible mais de peu définissable que nous connaissons tous : « ça » freudien, « convivialité », « intimité », « parenté », « amitié », etc. « Lebenswelt » (ou « monde de vie ») est juste, mais un peu complexe dans ses références philosophiques.

Davantage de difficulté apparaît avec « Règle » qui dérive sur « Loi », ou bien sur d'autres termes d'ordre (Code, Norme, etc..). Certains insistent sur le « modèle », d'autres sur « l'idée ». Là encore, allons au plus simple et à ce que la plupart des gens saisissent immédiatement.

Pour le « Culturel », où règne le « sentiment » (au sens hégélien), il s'agit d'abord de distinguer ce style de la « culture » en général, qui désigne toute pratique humaine « parabolisée ». Nous aurions bien échangé « culturel » (qui est franchement déformant et restrictif) avec « sens » ou même « sentiment » ou encore « identité », et nous l'avons fait quelquefois subrepticement, mais on entre alors dans un vaste domaine encombré de discussions philosophiques.

Bref, le schéma proposé et couronné de ses quatre signifiants principaux (Familier, Sociétal, Culturel, Règle) supposés *anthropologiques* nous semble assez bien rendre compte des tentatives les plus actuelles pour échapper, une fois de plus, à la tentation unitaire, unicitaire, et finalement unaire (quand on passe à un régime où la comparaison n'est même plus possible, parce que tout autre terme que l'Un a disparu).

Ceci ne fonctionne toutefois qu'à la condition expresse de ne pas se représenter les relations nécessairement discursives entre ces quatre polarités comme produisant un théâtre bien ordonné. Au contraire, il s'agit plutôt de disparités radicales qui dévoilent une indétermination essentielle, résistant à toutes les tentatives de mettre ensemble la main sur… l'humanité.

Notre propos n'est pas ici d'envisager une utopie, mais seulement d'apercevoir les lignes de fracture qui –un peu comme dans « L'âge de glace » -si apprécié par nos têtes blondes ou brunes- se dessinent d'abord imperceptiblement à la surface du monde, avant de se mettre à le sillonner avec fracas, entraînant une majestueuse débâcle… augurant d'un printemps inattendu… ou bien d'une aggravation desespérante.

Le dispositif actuel, fortement déséquilibré, privilégie une polarité proche du Nord absolu de nos schémas, (celui du pouvoir totalisant) mais légèrement décalée vers l'Est, à savoir vers la *Loi.* En d'autres termes, le pouvoir fonctionne aujourd'hui plus à la *Règle* qu'au *Sens,* comme c'était encore le cas dans des périodes plus séduites par la religiosité. Nous appelons cette polarité *intermédiaire* entre puissance sociétale et règle, la « techno-chrématistique »[109] : elle organise sa délégation de pouvoir par un mélange de technicité et de circulation d'argent. Peut-être ce que Lacan aurait appelé le « discours capitaliste ». Tous les autres pôles se trouvent alors dépossédés, amoindris ou mis en dépendance.

On sait ainsi combien l'Art est aujourd'hui aliéné et dégradé profondément à la fois par le marché de la cotation, par la muséification, par la subvention sociale des artistes démunis, et enfin, au travers de tous ces moyens, par un détournement idéologique de toute création. Cet « art » est en réalité, devenu un appendice de la technochrématistique.

Dans *La carte et le territoire*, Michel Houellebecq résume le problème à sa façon – boudeuse et démagogique- lorsqu'il imagine que la seule façon de gagner sa vie pour un grand peintre serait désormais de peindre des milliardaires, de flatter directement leur narcissisme. L'envers de cette visée serait, de la part du milliardaire sadique, de découper l'artiste en morceaux.

La question posée à ce propos est à la fois cruciale et ardue (un peu comme il est parfois laborieux pour un chirurgien de séparer un cancer d'un organe sain) :

---

[109] Le TECHAR de *Poutechar*ma !

Est-il possible de définir un monde libre du « Culturel » tel qu'il soit à l'origine de ses propres activités, sans être entraîné aussi massivement dans des problématique publicitaires qui ne sont pas les siennes ? Peut-il « vivre du sien » sans tomber dans une marginalité éprouvante ?

Par ailleurs, cette dimension est composite. Entre l'artiste, l'intellectuel, le chamane, et toutes les variantes de leurs expressions publiques et privées, de leurs types de solidarité, il existe de grandes différences.

Plus on s'approche de la religion (comme organisation sociétale du *sens* qu'il faudrait croire) et plus les problèmes de pouvoir relaient l'expression spontanée, personnelle et familière ; plus on s'éloigne du stylite cher à Buñuel, ou de la petite communauté d'ermites aux miracles incontrôlables (et bientôt réprimés). Et pourtant, il y a bien, entre ces composantes, une sorte d'alliance implicite (parfois conflictuelle) face au monde de la rationalité, de la division réglée. Chacun conçoit qu'il n'est pas sans danger de « libérer » ces forces –lesquelles ont été à l'origine de bien des violences dans le passé-, mais qu'il est aussi important d'affaiblir la dictature mécaniste généralisée sur les groupes humains. Il est donc peut-être question de réfléchir sur une meilleure *fractalisation* des dimensions humaines.

On entendra par cette expression barbare (un temps associée au génie mathématique de B. Mandelbrot) que chaque dimension (ici le *Culturel)* reconnaisse en son sein une certaine dose de *l'autre* dimension. Un réglage interne du Culturel pourrait ainsi favoriser une plus grande autonomie, notamment en rendant difficile une dérive vers une verticalité (du genre des castes), et en équilibrant en soi-même les relations entre composantes (artistes, intellectuels, mystiques, voire « fous », par exemple). Il s'agirait aussi probablement de permettre à ce monde de disposer d'une véritable « portion congrue » (c'est-à-dire suffisante) des revenus sociaux, et aussi de récupérer une place dans la production de leur propre mode d'existence.

Notons qu'une telle perspective n'aurait de « sens » qu'au plan mondial, car c'est seulement là que la vaste communauté des gens de culture pourraient échapper –au moins dans la pensée dans un premier temps- aux solides systèmes d'inféodation aux Etats et aux marchés, inféodation qui, loin de fonder leur « utilité sociale », les abaisse au contraire à une insignifiance constamment aggravée.

La seule solution forte à ce problème serait d'envisager la formation libre de « hauts lieux », dont la vocation culturelle ne pourrait s'étayer que sur une autonomie très conséquente dans les moyens de leur survie et de leur vie.

On pense évidemment à de nouvelles moutures des anciennes communautés monastiques. Mais on oublie alors que ces dernières n'ont dû leur rayonnement médiéval qu'à leur appui sur le servage (ce qui n'est guère connu), et sur des fonctionnements militarisés ou très disciplinés, induisant une énergétique de la frustration (poussant ensuite à l'explosion des croisades, par exemple). Cette énergétique durera longtemps après la reconquête des privilèges communautaires par les rois et les papes. Aldous Huxley la décrit très bien dans la personnalité du Père Joseph, l'éminence grise de Richelieu, et la rend responsable de souffler sur les braises de la guerre de religion européenne qui inclura pour lui les conflits du XXe siècle.

Repenser le haut-lieu de vie en partie commune (ce qu'aide certainement à faire l'expérience alternative et « zadiste ») implique de s'écarter de ces schémas anciens, sadiques et masochistes. La communauté de penseurs et d'artistes qui vivrait pour son propre bien ainsi que comme exemple et relais de transmission ne peut absolument plus se référer à la règle antisexuelle de Saint Augustin, ni à ses avatars jusque dans les sectes protestantes et transhumanistes américaines. Il y a là matière à inventions décisives, ce à quoi nous tentons par ailleurs (et dans d'autres ouvrages) de participer modestement.

Pour ce qui concerne le « Familier », qui est proche mais distinct de l'envie de « haut lieu », il a de tout temps été l'objet d'un écrasement de la part du Sociétal, au nom des solidarités globales. Il s'est vengé souvent, en allant lui-même occuper les sommets du pouvoir (par le népotisme, l'accaparement ethnique de positions, etc.) et en infléchissant son action dans un sens encore plus cruel ou injuste. Aujourd'hui, c'est de moins en moins le cas, parce que les dynasties ou les cliques népotiques ne sont pas à l'aise dans la gestion technobureaucratique du monde, à laquelle elles préfèrent généralement les juntes militaires ou les camarillas mafieuses.

Par ailleurs, toutes les institutions traditionnelles du Familier, les définitions de la parenté, la reconnaissance des intimités légitimes, les droits et devoirs des genres, etc. sont l'objet de remaniements constants de la part des autorités sociétales, et cela partout dans le monde. La métaphore si puissante identifiant le Sociétal à la Famille devient, depuis *Big Brother*, très suspecte, et cela d'autant plus que le Familier « réel » ne représente plus un idéal suffisamment rassurant. Cela ne l'empêche pas de fonctionner comme « résistance », mais bien souvent dans une course-poursuite avec la police mondialisée qui la considère comme un obstacle majeur à la planification de l'ordre

Je citerai à ce propos un policier chargé du grand banditisme et qui m'affirmait que la seule chose qui pouvait faire vraiment « craquer » les grands gangsters était…de *s'en prendre à leur famille.*

On peut imaginer comment le Familier devrait être l'objet d'un « respect » (ce terme essentiel du vocabulaire des Pauvres), mais l'objection classique refait à chaque moment surface : n'est-il pas la dimension de la rivalité, de l'opposition au grand groupe, de l'individuation indifférente aux intérêts collectifs ? N'est-il pas la voie qui ramène à la vengeance d'honneur, à la subordination des femmes ? N'est-il pas ce contre quoi toute l'histoire de la culture humaine s'est érigée pour obtenir une plus grande sécurité et une justice moins sommaire ?

Nous ne répondrons pas à cette objection majeure, mais là encore, ne peut-on pas imaginer une *fractalité* plus efficace, et une autonomie mieux reconnue ?

Fractalité : le Familier ne devient « dangereux pour la Société » que s'il se conçoit comme isolat. Reconnu aussi comme « fonction sociale », il peut prendre une place plus importante notamment dans la formation et le contrôle de corps d'éducateurs ou de médiateurs, leçon qui est déjà comprise dans nombre de « quartiers ». Un « Familier » qui ne se conçoit pas seulement soi-même comme cellule (dans les deux sens du terme) mais comme agent de retrouvaille et de soutien des individus « perdus », peut avoir un effet considérable sur l'atténuation de la délinquance. Il faut et il suffit pour cela que l'idéologie défensive, jouant médiatiquement sur la rivalité entre familles (riches et pauvres, par exemple) pour récuser l'altérité, soit dépassée par un idéal de reconnaissance et de prise en charge des isolés.

Attention évidemment à l'extension générale d'un modèle de « bienfaisance » démagogique et qui ne règle rien en prétendant tout ramener à la règle au fond policière.

Pour autant, cette « sociétalisation » du Familier ne serait pas nécessairement contradictoire avec son autonomie à promouvoir. C'est ici que l'effet de la mise en dépendance économique est le plus terrible, et c'est sans doute là qu'il faudrait imposer avec le plus de force de dégager des moyens d'autoproduction de toutes sortes. Il est vital, nous l'avons déjà suggéré, de sortir d'une dialectique argent/non emploi, et l'on n'y parviendra pas seulement par un revenu général d'existence ou la diffusion d'emplois *ad hoc* par des institutions publiques ou privées inquiètes de l'avenir. La productivité excessive doit être contrebalancée par la possibilité concrète ouverte aux mondes familiers de subvenir à leurs besoins, comme on en reconnaît, sans problème, le droit à des régions ou des pays.

Les propositions –très générales- avancées ici ne le sont pas dans une optique programmatique, mais seulement pour indiquer ce que serait à l'âge planétaire une orientation vers la pluralité. Elle commencerait nécessairement par reconnaître le droit à l'existence suffisamment autonome (autosustentateur) des grandes dimensions anthropologiques, le Familier et le Culturel en étant deux des plus mises en souffrance aujourd'hui[110].

Symétriquement, les deux autres –Sociétal et Règle- semblent au contraire jouir ensemble et spontanément d'une position de pouvoirs combinés exploitant, écrasant et excluant leurs vis-à-vis. Ce n'est pas à dire qu'il faudrait, dans une pluralité restaurée, les réduire à peu de chose.

D'abord parce qu'il serait, au stade planétaire, *parfaitement impossible* de se passer des vastes systèmes qui le permettent. On ne peut imaginer que ces dimensions s'estompent, à moins de revenir à des moments plus anciens, à plonger dans ce qu'on a nommé « la barbarie ». *Zardoz,* un film magnifique du cinéaste irlandais John Boorman, avait bien

---

[110] C'est frappant avec les politiques sanitaires de l'OMS, généralisées et entretenues avec la crise du Coronavirus (note de mars 2021).

indiqué dès 1974 ce que pourrait être une telle barbarie, maintenue en place par un tout petit groupe de privilégiés s'accordant l'éternité génétique à l'abri d'un mur électronique, tandis qu'ils distribuent des armes à une population de déshérités afin qu'ils s'entretuent.

Ensuite, ces systèmes ne sont pas « mauvais » en eux-mêmes. Mais, étroitement combinés, intriqués profondément, ils ne permettent plus de *distinguer politique et technique*, conversation sociétale (à propos des questions concernant tous les Humains ensemble) et aménagement matériel, pluralité et singularités perdues dans la multitude.

La direction à prendre n'est pas celle d'une répression ou d'une « castration », mais, là encore, celle d'une pluralité de polarités, de genres de vie, qui demeure « ouverte » en se préservant par le pacte d'indétermination mutuelle des sujets de paroles.

Qu'est-ce à dire ?

Il s'agirait d'abord d'éviter l'aggravation des confusions. Ainsi se manifeste-t-il aujourd'hui une tendance à fonder l'institution mondiale sur une référence à « l'espèce humaine ». Le motif en est honorable : ne plus cautionner les racismes. Mais le danger peu pris en compte, est que nous risquons un jour de fonder nos droits sur une définition de l'espèce « en bloc », c'est-à-dire sur un *naturalisme scientifique*. Le risque est qu'un jour ce soit la science (et son ombre, la pseudo-science) qui puisse *déterminer* les principes éthiques concernant une foule de questions vitales.

Ce péril est aujourd'hui de plus en plus évident, bien qu'il soit mal compris : le problème n'est pas que la science soit mal placée pour évaluer et chiffrer les maux et les biens, mais que l'on confonde cette évaluation avec *le jugement définissant bien et mal*. Or, nous savons, depuis bien avant Kant, que cette confusion est néfaste. Elle fait passer en contrebande pour une vérité, ce qui n'est qu'une absence de jugement. Nous sommes entraînés alors malgré nous vers une identification des possibles techniques (pour une « bienfaisance » immédiate) et des buts humains.

Mais soulever la question donne immédiatement à remarquer combien l'Humanité comme collège politique est aujourd'hui *absente* des débats hautement techniques qui la concernent et sont menés exclusivement dans des institutions fonctionnant très loin de tout débat démocratique. Ceci même si elles prétendent se soumettre à des principes universels, à des déclarations et des traités internationaux, à des décisions nationales souveraines.

L'autonomie de la dimension sociétale elle-même est donc un vrai problème, qui demeure pour ainsi dire voilé par son caractère panoptique : parce qu'elle concerne « tout le monde », elle devrait aussi, croit-on, concerner *chacun* ! Parce qu'elle traite des intérêts les plus collectifs de l'espèce, elle devrait aussi régler les *questions les plus intimes.*

Nous demeurons ici dans les limites d'un *quiproquo,* dont il faut bien dire qu'il doit beaucoup à Rousseau (Gavroche avait raison sur ce point !), c'est-à-dire à la conception surplombante (nous avons même dit *paranoïaque*) du pouvoir du peuple comme volonté globale incarnée par la loi.

Un combat doit donc probablement avoir lieu dans le registre du cosmopolitisme pour battre cette conception fausse de la *souveraineté* transposée au plan mondial d'un « peuple universel » littéralement divinisé au-dessus des gens réels. Ce qui est en jeu, c'est non seulement la protection et le respect des citoyens du monde et de leurs groupes familiers, de leurs cultures, de leurs sociétés, mais c'est aussi le respect de l'autonomie du Sociétal comme *dimension spécifique,* non invasive.

Ceci est d'ailleurs aussi intéressant en termes économiques : car si le Familier et le Culturel sont appelés dans un modèle pluraliste à « vivre du leur », au moins pour une proportion des ressources et des capacités de production, il n'y a aucune raison pour que le Sociétal –comme classe politique et administrative mondiale- continue à vivre seulement comme appendice des administrations nationales. Pourquoi ne franchirait-il pas le pas –qui ne serait pas seulement celui d'un suffrage universel mondialisé-, mais surtout l'existence concrète de domaines directement et seulement mondiaux, et consacrés à soutenir la *self-sufficiency* de ce secteur[111].

D'aucuns peuvent ironiser sur une suggestion qui rappelle le mode d'existence des rois féodaux européens, mais l'ironie ne permet pas de se souvenir que c'est précisément en disposant de biens propres que ces monarques pouvaient être considérés comme des égaux dans la « démocratie » des élites féodales, et d'autre part pouvaient parfois se dispenser d'écraser complètement leurs sujets sous la fiscalité en argent et en nature. Ils se sont bien rattrapés par la suite, et de toute façon leur propre capacité d'autarcie était largement une fiction. Ce n'est pas une raison pour bannir de toute réflexion sur l'avenir l'idée d'une autonomie matérielle (à toute échelle) comme base de la pluralité « réelle ».

Le lecteur ayant reçu en plein visage suffisamment d'assertions de portée inassignable, refermons la fenêtre des prospections du futur. Retenons seulement que

---

[111] En avril 2021, la proposition de la secrétaire d'Etat américaine au Trésor de soutenir l'OCDE sur l'idée d'une taxation mondiale minimale des entreprises semble un mouvement de portée révolutionnaire. En espérant qu'elle ne soit pas seulement une manifestation verbale.

si nous prenons au sérieux le concept de pluralité anthropologique, alors *l'histoire humaine* peut encore se concevoir comme un vaste chantier propice aux imaginations, aux travaux, aux expériences. La réduction tétralogique qui nous sert ici de guide n'est que *l'amorce,* avons-nous dit, d'un rayonnement en étoile de nombreuses possibilités intermédiaires entre les quatre pôles principaux, et *a fortiori* entre les deux principes les plus antagoniques, et cela plus que jamais, –le Familier et le Sociétal-, la foule immense du second, hiérarchisée, numérotée et casernée, ayant pratiquement réussi à réduire le premier à la déréliction d'individus promis à la solitude de l'auto-entreprise monoparentale.

Pourrait-on *commencer* autrement ? Pourrait-on même ne pas *tarder* à commencer ?

Conclusion

C'est bien le lieu, enfin, pour quelque grain d'autocritique. Je ne me prends certainement pas pour Léonard de Vinci, mais j'entends Freud lorsqu'il lui reproche sa manie de griffonner de petits mécanismes au lieu de peindre de belles femmes : n'est-ce pas un peu ce que je propose ici, au lieu de me consacrer au roman, mon autre « hobby » ?

Pour ma défense, j'arguerai que je suis loin d'être seul à pratiquer cette manie, puisque, comme on l'a vu, tous les anthropologues « généralistes » ont fabriqué des versions de la machine métaphorique élémentaire. Ce qu'ils ont tenté de dire, souvent sans en avoir conscience, c'est que l'Humain est engagé, chez tous les membres de l'espèce une fois parlante (et peut-être dès avant le langage), dans la même opération visant à se porter, par échelons successifs, par comparaisons successives surmontées en formalismes, vers une totalité supposée enfin englobante, coïncidente avec sa propre multitude physique… mais toujours repoussée ou dépassée.

Ce qui était aux commencements une fonction de survie s'est ensuite entretenu par la seule énergie des difficultés propagées *à l'intérieur* de la société, et cherchant à s'en échapper par le passage à une échelle supérieure, tout en trouvant des lignes de partage et de régulation à l'intérieur. L'espèce humaine est donc un phénomène dynamique *tendu par la déstabilisation.* Toute anthropologie qui passerait à côté de cette réalité exaltante et inquiétante s'avouerait inopérante, qu'elle enferme l'humanité dans une idéalisation naturaliste ou au contraire dans la destinée fatale d'un péché originel. Car ce qui est originel -et lié à l'invention de la parole, c'est le mouvement qui va de la métaphore au paradoxe de l'autoréférence… et retour !

Le côté machinal de notre propos n'est donc en un sens que la copie –dans le registre musical et conceptuel de l'anthropologie- de ce que Clifford Geertz appelait la « machine culturelle infernale », mais dont il attribuait à tort l'entière responsabilité à Claude Lévi-Strauss. Car en réalité, ce n'est pas ce dernier qui a *inventé* cette dynamique culturelle infernale, mais bien… l'espèce humaine produisant l'histoire !

Si quelque chose doit échapper à cette mécanicité inhérente à notre culture, à son implacable tendance à la commensurabilité comme étape vers l'autoréférence paradoxale, c'est la capacité –également humaine- à suggérer sans compter, à évoquer en engageant son corps, sa face, son âme en gage, c'est-à-dire son devoir d'indétermination pour autrui et soi-même.

Car le moyen-terme, si indispensable à toute métaphore, à toute parole, donc, comporte toujours cette ambivalence entre Règle et Sens, entre mesure formelle et comptable et arbitraire de l'implication subjective. Bref, la non symétrie entre objet et Sujet.

Lorsque le défaut civilisationnel semble surtout découler d'une croyance excessive dans la règle comptable sublimée par le soi-disant miracle informatique, nous devons nous souvenir que l'autre style, celui de l'engagement comme auteur de choix sans justification formalisable, est toujours disponible.

Dans ce balancement incertain, transparaît l'habitude humaine de traduire par l'obsessionalité religieuse le paradoxe insupportable d'une impossibilité en série de manœuvres alternées. Avec le rappel du rôle du Sens (et surtout de son arbitraire volontaire), fait retour en position de commandement une variante, connotée « hystérique » par ses ennemis, mais pour laquelle l'équilibre du monde à constituer n'a pas besoin de recenser, de classer, d'enregistrer, de répartir, de vérifier, de comptabiliser.

C'est sur ce quadrant « culturel » pour lequel sentiment et séduction sont les seules règles, que se cherche une alternative à la solution mise en échec désormais prévisible : *la règle automatisée découlant de la science informatisée*[112].

Cette alternative se veut, bien sûr, plus efficace que l'autre, car elle s'impose dans une demande immédiate : maintenant ou jamais. Parce qu'elle « interpelle » l'interlocuteur sans qu'il puisse se dérober, et le renvoie sans appel s'il montre une faiblesse à lui répondre en Sujet souverain, le regard défiant le regard. Parce qu'elle se saisit d'expériences concrètes assumées avec enthousiasme pour *prouver* que la survie est possible hors de toute géo-ingénierie renchérissant sur la catastrophe technologique par une catastrophe supplémentaire.

C'est sûrement là que se situerait un départ de l'appel à rencontre pluraliste efficace et vivant, probablement bien plus sûrement que du côté de la description froidement logique de nos machines métaphoriques technicisées.

C'est dans le retour du curseur de la destinée de la parole vers le pôle de l'engagement subjectif « en liberté » (et donc en indétermination) que nous nous éloignerons de la zone des dangers de l'autoréférence et de l'antinomie qu'a produit une trop grande

---

[112] Ce qui est amusant à constater, en dépit du contexte dramatique : c'est précisément cette techno-scientophilie qui prétend tout prévoir de l'Humain qui est sans doute le comportement le plus prévisible !

adhésion à la croyance dans le garant technologique de nos existences.

C'est en recourant à ce balancement immémorial de la Règle vers le Sens, à cette forme classique de refoulement de l'interdit fondamental -l'accès à la totalité autodéfinie[113] détruisant la parole- que nous trouverons la voie d'une métaphore adéquate à la planète humanisée. C'est dans ce retour suffisamment précoce, cette « techouva » dirait la sagesse de la cabbale, que nous pourrons même forger les signifiants de la tétralogie directement compatible avec la mondialité, sans nécessairement nous attarder aux formes plus anciennes, comme celles de la diffraction des monothéismes en Occident, ou celles des oscillations de l'identité cosmologisée en Orient.

En fait, c'est en opérant un retour encore plus profond, encore plus « primal », au cœur même de *l'opération de parole* qui nous caractérise (tant que nous n'avons pas opté pour la robotisation de nos cerveaux), que nous pouvons découvrir les catégories valides pour notre échelle de problèmes. Nous revenons « en début de conversation » (bien sûr au cycle suivant d'une spirale irréversible, et pas en redevenant préhistoriques !), pour traiter de la mondialité comme si celle-ci était justement

---

[113] Le «Moi » sociétal pris par la masse pour sa propre vérité, alors qu'il n'en est qu'un imaginaire.

dépassable par sa propre pluralisation interne. Ceci sans pour autant régresser vers les formulations insuffisantes ou trop hystérisantes de la question : rôle du juge suprême ou de la confiance dans le Réel, place du Soi dans le cosmos, etc.

Car au fond, si -pour beaucoup d'entre nous au moins- nous n'avons plus peur d'être ce que nous sommes dans ce réel sans double (cher à Clément Rosset) ni même d'y vivre comme processus naturel détourné ou interrompu par la faille symbolique, il demeure que c'est bien l'énigme la plus ancienne posée aux parlants - *obligés d'être libres, et donc engagés dans la non-prédétermination et le non-savoir*[114]- qui nous reviennent exactement comme tels dans l'universalité mondialitaire. C'est ici que notre division entre sociétalité (désormais mondiale, justement), et familiarité -où nos corps vivants plus que jamais résident entre semblables et prochains, femmes et hommes, adultes et enfants, apparentés, amis et voisins- peut faire rempart à la gestion impériale de milliards d'individus « élidés » de leur sexe, de leur âge

---

[114] Répétons encore qu'il ne s'agit en rien d'un appel à l'obscurantisme, mais au contraire d'un *savoir nécessaire sur l'interdit d'objectivation mutuelle* qui conditionne réciproquement nos existences comme Sujets d'actes de parole valides, et notamment de propositions de « vérités » démontrables. Quand l'esclave du Ménon est invité par Socrate à « se souvenir » d'une vérité géométrique, il est momentanément traité comme un homme libre.

et de leurs liens intimes, pour le bien du marché, de l'ordre policier et de la technologie déferlante.

Cette division décidée le peut seule, précisément parce qu'elle incarne immédiatement pour nous la tension entre « abyme de la liberté » (dirait Michel Freitag) et paralysie autistique du fonctionnement opérationnel dans l'ordre du savoir total *sur* chacun.

Et cette division, à son tour, ne peut évidemment se maintenir que si se maintient aussi l'opposition de styles qui l'incarne, entre celui qui, en nous, se soumet à la règle automatisée, et celui qui, toujours en nous, est libre de s'y refuser. A savoir, les deux sens contraires du mot « Sujet », tels qu'ils produisent effectivement de tout temps un paradoxe inaltérable, une faille logique, certes intolérable *mais sans laquelle nous ne parlerions plus.*

Ainsi, dès-lors qu'elle serait désormais prête à affronter cette dure vérité, la description « scientifique», des oppositions anthropologiques cette fois dégagée de toute fascination comptable et de toute illusion de complétude formelle, n'est-elle pas inutile[115]. Car même le théâtre de l'engagement contre la

---

[115] Bien que ce rappel, qui fut aussi celui de Lacan, après d'autres, soit littéralement voué à être corrompu par nous angoisses.

mécanisation, du Sujet souverain contre le moyen assujetti, a besoin, de temps en temps, ici ou là, de se gorger de savoirs, de se gaver de technologies, ne serait-ce que pour mieux ensuite s'écrier face au public, allongeant une mine tragi-comique :

« Non, ce n'est pas encore ça ! ». « Non, ça ne marche pas ! ». « Non, je ne veux pas de ce dispositif universel qui me fait disparaître à son service en prétendant être au mien. Qui absorbe dès l'enfance mon talent, ma vitalité et ma spontanéité tout en affichant son refus de toute « malveillance »[116]. En attendant, et mieux que la « démocratie de masse », c'est bien la pluralité, cette institution théâtrale de différences entre « libres variantes de l'Humain » et *surtout du respect mutuel de leurs territoires planétisés,* qui nous permettrait de parler encore un bon bout de temps avant de redevenir animaux ou de nous anéantir dans la robotisation virale, cet effrayant désir du Tous par Tous.

Quant au lecteur qui ne m'accorderait pas ici l'émergence *possible et utile* d'une « nouvelle métaphore », je crois pouvoir lui dire tout de go que sa réaction m'épuiserait d'avance !

Post Scriptum

---

[116] « Ne soyez pas malveillants » : la devise de Google.

Le présent ouvrage porte essentiellement sur la pluralité comme phénomène anthropologique dans *l'histoire de la longue durée.* Il est suivi d'un autre livre; *La pluralité, solution géo-anthropologique à la mondialité,* qui aborde plus directement les enjeux du présent et de l'avenir.

Seigny, le 9 Avril 2021

Table des matières